综合素质(幼儿园)
全真模拟与预测试题 1

注意事项:

考试时间为120分钟,满分150分。

一、单项选择题(本大题共29小题,每小题2分,共58分)

1. 张老师在教幼儿画画时,往往要求幼儿要大胆想象,画得与其他人不一样。张老师这种做法体现了素质教育的理念,其重点是培养幼儿的（   ）。
   A. 主体意识和实践能力   B. 主体意识和操作能力
   C. 创新意识和思维能力   D. 创新意识和实践能力

2. 美国华盛顿儿童博物馆的墙上有条醒目的格言是:"我听见了就忘记了,我看见了就记住了,我做了就理解了。"从教育观角度分析,这是要求幼儿园教师在保育教育过程中（   ）。
   A. 尊重与关注儿童的人格   B. 重视儿童的积极情感体现
   C. 重视儿童学习的自律性   D. 重视儿童的主动操作性

3. "寓教于乐"是一种教育理念,以下选项中最符合这一理念的保育教育方法是（   ）。
   A. 游戏化方法   B. 生活化方法   C. 移情法   D. 直接法

4. 很多幼儿入园后,就会自然地亲近、尊敬甚至崇拜老师,以学习老师的言行举止为荣,而且经常会用"这是老师说的"来证明自己是正确的。这种情况说明幼儿具有（   ）。
   A. 可塑性   B. 依赖性   C. 向师性   D. 定向性

5. 师爱作为一种教育手段,在教育过程中具有明显的教育性。下列选项中,"师爱"的表现不正确的是（   ）。
   A. 师爱始于对幼儿的了解   B. 师爱表现为尊重幼儿
   C. 师爱表现为信任并寄希望于幼儿   D. 师爱表现为尽量满足幼儿的要求

6. 李老师在幼儿园工作多年,教学经验丰富,科研成果较多。当刚进园工作不久的小王老师提出拜她为师时,她说:"我年纪大了,对新生事物也不敏感,你还是跟其他老师学吧。"李老师的做法（   ）。
   A. 缺乏专业发展意识   B. 缺乏团队合作精神
   C. 能够尊重信任同行   D. 鼓励同事自我更新

7. 王老师和郑老师都毕业于某省幼儿师范学校,毕业后又在同一所幼儿园工作。自工作以来,王老师对幼儿总是充满热情,关注每一个幼儿的成长;而郑老师则对幼儿不冷不热,放之任之。这体现了两位老师间的（   ）。
   A. 职业理念的差异   B. 职业能力的差异
   C. 职业动机的差异   D. 职业行为的差异

8. 施老师在某市机关幼儿园工作,她最担心的问题是"小朋友喜欢我吗?""同事们如何看我?""园长是否觉得我干得不错?"等问题。根据这些判断,施老师的专业发展处于（   ）。
   A. 关注生存阶段   B. 关注情境阶段
   C. 关注学生阶段   D. 关注成长阶段

9. 培养幼儿"有好奇心,能发现周围环境中有趣的事情"。这个教育目标属于（   ）。
   A. 科学领域   B. 健康领域   C. 社会领域   D. 语言领域

10. 某幼儿园在举行"六一"儿童节庆祝活动时,拍了一组照片,效果相当好。一家玩具公司选了两张准备做广告宣传用。对此,下列看法正确的是(   )。
    A. 这样的宣传有益无害,因此不必征得任何人的同意
    B. 只要幼儿园同意使用这些照片,就不存在侵权之嫌
    C. 使用幼儿的照片时必须征得幼儿家长的同意
    D. 使用幼儿的照片必须征得幼儿本人同意

11. 根据我国现行教育法律法规的相关规定,幼儿园教师实行(   )。
    A. 年限制　　　B. 约定制　　　C. 终身制　　　D. 聘任制

12. 某县要修水电站,县政府下发文件要求每个公职人员都要参加电站集资。某镇幼儿园领导按照文件要求,在领工资之前,从每位教职工的工资中分别扣除了文件规定上缴的集资款。对此,下列说法错误的是(   )。
    A. 园长办事积极果断,工作能力强
    B. 侵犯了教职工的获取劳动报酬权
    C. 违反了国家要求的不得对学校和教师乱摊派的规定
    D. 侵犯了教职工的个人财产自主权

13. 王老师经教育局和幼儿园批准在某大学攻读教育硕士学位,期间幼儿园以王老师工作量不满为由,扣除了王老师的部分绩效工资。王老师不服,希望向相关部门提出申诉,这个部门应当是(   )。
    A. 当地县教育局　　　　　　　B. 当地县人民政府
    C. 当地市教育局　　　　　　　D. 省教育厅

14. 《国家中长期教育改革和发展规划纲要(2010—2020年)》规定,到2020年,基本普及学前(   )。
    A. 一年教育
    B. 两年教育
    C. 三年教育
    D. 四年教育

15. "其身正,不令而行;其身不正,虽令不从。"从教师职业道德角度,这句话可以理解为(   )。
    A. 教师只要身体端正,就能行动自如
    B. 教师对学生指令时,一定要站得正
    C. 教师要以身作则,用自身的言行来影响学生
    D. 教师自己做好了,学生就会自然地跟着学好

16. 某幼儿园利用儿童节向家长拉赞助,并且将大部分赞助费用于发放教师的劳务费。这种做法违背了教师职业道德中的(   )。
    A. 爱岗敬业　　　B. 关爱幼儿　　　C. 教书育人　　　D. 为人师表

17. 教师职业道德区别于其他职业道德的显著标志是(   )。
    A. 公正廉洁　　　B. 爱岗敬业　　　C. 为人师表　　　D. 教书育人

18. 下列不属于法国批判现实主义作家的是(   )。
    A. 萨克雷　　　B. 福楼拜　　　C. 司汤达　　　D. 巴尔扎克

19. 《落花生》是我国20世纪20年代的儿童散文佳作,其作者是(   )。
    A. 张乐平　　　B. 许地山　　　C. 沈石溪　　　D. 孙幼军

20. 被称为"千湖之国"的国家是（　　）。
    A. 挪威　　　　B. 瑞典　　　　C. 荷兰　　　　D. 芬兰

21. 下列关于太阳风的说法不正确的是（　　）。
    A. 太阳风会促进大气中臭氧的产生，影响地球的空间环境
    B. 由于太阳风的作用，彗星周围的尘埃和气体会形成彗尾
    C. 太阳风是太阳黑子活动高峰阶段射出的超音速等离子体流
    D. 两极的高层大气受到太阳风的轰击后会发出光芒，形成极光

22. 发电方式中最低碳、最环保的是（　　）。
    A. 水利　　　　B. 核燃料　　　C. 风力　　　　D. 火力

23. 元杂剧的"四大悲剧"不包括（　　）。
    A.《倩女离魂》　　　　　　　B.《汉宫秋》
    C.《梧桐雨》　　　　　　　　D.《赵氏孤儿》

24. 下列关于文学常识的表述不正确的一项是（　　）。
    A.《草堂诗余》《东坡乐府》《稼轩长短句》《白石道人歌曲》均是词集
    B. 把长篇小说分成若干章节，每一章节叫作"一回"，用这种形式写成的小说叫作"章回小说"，如《红楼梦》《三国演义》《烈火金刚》等
    C.《阿房宫赋》《师说》《论积贮疏》《项脊轩志》《石钟山记》都在标题中标明了文体
    D. "念奴娇""永遇乐""水调歌头""倘秀才""西江月""扬州慢""雨霖铃"等都是词牌名

25. 人都不可能不犯错误，不一定所有人都会犯严重错误。如果上述断定为真，则以下哪项一定为真（　　）。
    A. 人都可能会犯错误，但有的人可能不犯严重错误
    B. 人都可能会犯错误，但所有的人都可能不犯严重错误
    C. 人都一定会犯错误，但有的人可能不犯严重错误
    D. 人都一定会犯错误，但所有的人都可能不犯严重错误

26. 下列选项中与"缺点—克服—完善"这组词在逻辑关系上最为贴近、相似或匹配的是（　　）。
    A. 疾病—治疗—康复　　　　　B. 痛苦—消沉—平静
    C. 快乐—沉默—轻松　　　　　D. 辛苦—努力—幸福

27. 一群年轻人到处寻找快乐，却遇到了许多烦恼、忧愁和痛苦。他们向苏格拉底请教：快乐到底在哪里？苏格拉底说："你们造一条船吧。"这群年轻人把寻找快乐的事儿放在了一边，找来造船的工具，锯倒了一棵又高又大的树，用了七七四十九天，造出一条独木舟。独木舟下水了，他们把苏格拉底请上了船，一边合力荡桨，一边齐声歌唱。苏格拉底问："孩子们，你们快乐吗?"年轻人齐声说道："快乐极了!"这段文字主要想告诉我们（　　）。

    A. 勤劳地工作是快乐的源泉
    B. 以积极的心态看待这个世界就会收获快乐
    C. 快乐来自于对明确目标的不懈努力和追求
    D. 快乐的体验来自于心灵的智慧

28. 幸运的机会好像银河，它们作为个体是不显眼的，但作为整体却光辉灿烂。同样，一个

人若具备许多细小的优良素质,最终都可能成为带来幸运的机会。这段文字主要内容是( )。

A. 一两次幸运的机会并不显眼,若干次幸运的机会将会给人带来成功、带来荣耀

B. 个别人获得幸运并不显眼,许多人都获得幸运定将引人注目

C. 具备许多细小的优良素质,将可能获得幸运

D. 某一种优良的素质是不显眼的,具备许多优良的素质就会显得光辉灿烂

29. "四书五经"中的"四书"指的是( )。

A. 《论语》《诗经》《中庸》《大学》　　B. 《周易》《孟子》《中庸》《大学》

C. 《论语》《孟子》《中庸》《礼记》　　D. 《论语》《孟子》《中庸》《大学》

二、材料分析题(本大题共3小题,每小题14分,共42分)

阅读材料,并回答问题。

30. **材料:**

黄老师今天安排"认识动物"活动。她简单地说了今天的任务后就让小朋友们到幼儿园的草地上去寻找各种小动物,孩子们兴高采烈地向活动室外面冲去。不久,豆豆跑过来说:"黄老师,我找到一只蚂蚱。"其他小朋友闻声跑过来看,突然毛毛说:"这只蚂蚱是公的。"围观的小朋友们大笑不止。黄老师微笑着问:"你是怎么知道的?""我观察的,公蚂蚱有劲,跳得高。"毛毛很自信地说。这是孩子最直接、最简单的推理,确实难能可贵!黄老师立即表扬他:"毛毛真是一位小生物学家,你能够仔细观察,发现不同蚂蚱跳的高度不同,希望你再认真仔细地观察,把它们各处不同的地方都记下来告诉老师,好不好?"毛毛认真地点点头。就在这时,乐乐跑过来告状:"黄老师,珍珍把蚂蚱给踩死了。"黄老师意识到这是一个绝好的教育机会,她走过去,看到豆豆、牛牛几个小朋友正在气呼呼地责备珍珍。黄老师说:"一只蚂蚱也是一条生命,我们应该爱护小蚂蚱。我相信,珍珍肯定是无意间踩死的。这样吧,老师提一个建议:不如我们一起挖一个坑,把它安葬了吧!"于是,在幼儿园的草地上,全班小朋友为蚂蚱举行了一个特殊的"葬礼"。可以说,在这种潜移默化中,小朋友们对生命的理解和珍惜,会比多少遍说教来得更为深刻、有效!

问题:

请从教师职业理念的角度评析黄老师的教学行为。(14分)

31. **材料：**

管老师在幼儿园已经工作了13个年头，几乎每年都任教研组组长，也担任过团支部宣传委员、电教员、通讯员、信息技术员等，在每一个岗位上她都能出色地完成本职工作。管老师总说："要想给孩子一杯水，自己就要有一片海洋。"管老师自学并获得了大专文凭和优秀学员的光荣称号；她大量阅读幼教文章，撰写的论文获得过市、区级多种奖项，参加教学比赛也获得了一系列的奖项。

她每接到一个新班，就能在一两天内准确地叫出全班每一个孩子的名字。在活动中，管老师总是努力营造一种热情洋溢的教育环境，以和蔼可亲的教学态度、亲切关怀的语言、温柔亲和的目光组织教学，笑着面对每一个孩子。在管老师眼中从来没有不聪明、不漂亮、不可爱的孩子，每一个孩子都有极强的可塑性。经她细心照顾和耐心指导，每一个孩子都能积极地参与到学习和游戏中去，也都能大胆地表达自己的想法。

管老师每天下班都不急着回家，总是待在班上和孩子们在一起，不厌其烦地与孩子们交谈。发现有孩子生病，她会及时地把他送回家去；发现有孩子尿床，她会不嫌脏、不嫌臭，毫无怨言地帮他清洗，换上干净的衣裤。对于特别好动的孩子，管老师善于发现他们的优点，教育他们，让他们明白：安静下来可以发现更多、更有趣的事情。对于特别内向、羞涩的孩子，她又细心地鼓励，积极地引导，让他们大胆地和同伴们融合到一起，给他们表现的平台和展现自我的机会。管老师把教过的每个孩子都当成是自己的孩子，让所有的孩子都能健康、快乐、自由地成长。

有一些家长为了让管老师多多照顾自己的孩子，多次送礼物给管老师，但都被她一一谢绝。管老师的回答只有一句话："我是一名教师，教育和爱护孩子是我的职责。"

教育孩子们要做到的事情，管老师自己也是不折不扣地完成。发现地上的纸屑，她总是拾起来；看见倒下的桌椅，她一定扶起来；对人对事她都是亲切大方、彬彬有礼，孩子们在管老师潜移默化的影响下，也都非常谦逊可爱。

管老师是孩子们心目中可敬可爱的师长，同行心中真诚的朋友，家长心目中最可信赖的好老师。

问题：

请从教师职业道德规范的角度评析管老师的保育教育行为。（14分）

32. 材料：

千里马证书
杨汉光

国王的坐骑死了,就叫伯乐帮他挑一匹千里马。伯乐说:"好,我这就去。"伯乐来到千里马交流中心,租了一个摊位,挂起一条横幅,横幅上红底白字大书:"国王招聘千里马,待遇优厚。"应聘者立刻蜂拥而来,纷纷递上证书。伯乐接过证书,戴上老花眼镜仔细端详,每一本证书上都写着"千里马"三个字,还盖有又红又圆的公章。伯乐说:"我要验验你们的证书是真还是假。"他用手指蘸了一点儿口水,正要往一本证书上抹去,有一匹马就喊:"干什么?"伯乐说:"有些假证书上的公章是用电脑打的,虽然做得漂亮,可用的是墨水而不是印油,蘸水一抹就脱。"那匹马骂一声:"老东西。"一把夺过证书,掉头就走。众马骚动起来,有的昂起头"哞——哞——"直叫。伯乐说:"我听这叫声就知道是牛。还有谁是冒牌货?赶快走吧,别让我逮住送给国王治罪。"应聘者吓得四腿打颤,纷纷抢回证书,争先恐后地逃跑。几头冒充千里马的肥猪跑得慢,在后面连滚带爬。冒牌的千里马刚走,就有一个背如罗锅的活物过来,自称是千里马。伯乐说:"我看你怎么像乌龟?"罗锅背说:"请看证书。"边说边递上一个红本。伯乐翻开红本一看,果然写着"千里马"三个字,还有红公章。罗锅背问:"怎么样?"伯乐说:"我要检验。"依旧用手指蘸了口水,按在公章上使劲一抹,那圆圆的红印丝毫不损。红公章旁边还有一个钢印,这还会有假吗?伯乐说:"想不到,你还真是千里马?"罗锅背说:"岂止是千里马,伯老师,你看我的特长。"伯乐问:"你怎么知道我姓伯?"罗锅背说:"伯乐相马,天下闻名,我还是小马驹的时候就记住你的大名了。"伯乐高兴起来,就再次拿起小红本,翻到"特长"那一栏,高声念道:"登山渡水,如履平川。"罗锅背及时说:"稳比快更重要。"伯乐说:"不错不错,就要你了。"伯乐把罗锅背带进王宫,交给国王,国王吃惊地问:"这不是乌龟吗?"伯乐说:"是千里马,我反复验过它的证书了,一点儿不假。"

(选自《文化博览》2006年第1期)

问题:

(1) 作品写伯乐一开始识穿众多冒牌"千里马"的作用是什么?(6分)

(2)请简要谈谈作品中"罗锅背"和"伯乐"这两个形象所具有的艺术价值。(8分)

三、写作题(本大题1小题,50分)

33.阅读下面的材料,根据要求写一篇文章。

材料1:

年轻的幼儿园女老师,两手拎着一名小男孩的双耳,将他双脚提离地面约10厘米。在这个过程中,老师一脸微笑,而男孩的耳朵却被扯得变形,张着嘴巴哇哇大哭。事发于温岭某幼儿园,涉事两名老师都没有幼儿园教师资格证。

材料2:

太原蓝天蒙特梭利幼儿园的某老师在批改作业时,10分钟内扇了某女童数十耳光。被打女童5岁,其父称老师因孩子不会算术题"10+1"被打。幼儿园园长称打人老师已被辞退。

根据上述材料,请你以"师爱""师德"为主题,用规范的现代汉语写一篇议论文。

要求:

(1)题目自拟,字数不得少于800字;(2)观点明确,分析具体;(3)条理清楚,语言流畅;(4)论据充分,方法得当。

综合素质(幼儿园)
全真模拟与预测试题 2

注意事项：

考试时间为120分钟，满分150分。

一、单项选择题（本大题共29小题，每小题2分，共58分）

1. 保罗·朗格朗的终身教育思想最早见之于（　　）。
   A.《终身教育引论》　　　　　　　B.《终身教育问题》
   C.《成人教育与终身学习》　　　　D.《成人教育与终身教育》

2. 在我国主张"以美育代宗教""教育独立于宗教与政党之外"的教育家是（　　）。
   A. 孔子　　　　B. 孟子　　　　C. 蔡元培　　　　D. 王国维

3. 黄老师能够胜任各类保育教育工作，工作重点从应对挫折慢慢转移到保育教育上，而且能够根据儿童的需要和心理发展水平来设计、安排保育教育活动，能够应对幼儿的各种反应，并开始形成自己的教学风格。根据伯林纳的观点，黄老师的专业发展处于（　　）。
   A. 高级新手阶段　　　　　　　　B. 胜任阶段
   C. 熟练阶段　　　　　　　　　　D. 专家阶段

4. 素质教育与应试教育有着多方面的区别。下列各项中表述错误的是（　　）。
   A. 教育对象不同，素质教育面对部分精英，应试教育则面对大众
   B. 教育内容不同，素质教育立足社会需求，应试教育为考试和升学
   C. 教育目的不同，素质教育以提高国民素质为宗旨，应试教育以考取高分为目的
   D. 评价标准不同，素质教育以多种形式全面衡量，应试教育以分数作为唯一评判标准

5. 在保育教育活动过程中，每当幼儿提出一些异想天开的问题时，王老师总是批评幼儿胡思乱想，而李老师则会想方设法引导幼儿想象，并给予正确的指导。王老师与李老师的不同做法反映了（　　）。
   A. 职业知识的差异　　　　　　　B. 职业理念的差异
   C. 职业能力的差异　　　　　　　D. 职业认同的差异

6. 马克思主义经典作家认为，实施全面发展教育的唯一途径是（　　）。
   A. 教劳结合　　　B. 保教结合　　　C. 课外活动　　　D. 活动教学

7. 《国家中长期教育改革和发展规划纲要（2010—2020年）》提出，到2020年，巩固提高九年义务教育水平，基本普及（　　），进一步提高高等教育大众化水平，普及（　　）。
   A. 高中阶段教育；学前教育　　　B. 学前教育；高中阶段教育
   C. 小学教育；高中阶段教育　　　D. 学前教育；小学教育

8. 大陈和小王同住一个小区，有一天大陈把小王没有父亲的秘密告诉了其他小朋友，结果大家纷纷嘲笑小王是个私生子，使小王抬不起头。大陈的行为侵犯了小王的（　　）。
   A. 名誉权、隐私权　　　　　　　B. 司法保护权、隐私权
   C. 名誉权、荣誉权　　　　　　　D. 荣誉权、隐私权

9. 《幼儿园工作规程》规定，寄宿制幼儿园每天户外活动时间不得少于（　　）。
   A. 1小时　　　　　　　　　　　　B. 2小时
   C. 3小时　　　　　　　　　　　　D. 4小时

10. 根据我国现有教育法律法规和相关制度的规定,目前我国中小学校长、幼儿园园长实行( )。
    A. 任命制　　　B. 合同制　　　C. 终身制　　　D. 聘任制

11. 根据我国《教育法》的规定,依法保证适龄儿童、少年按时入学的责任人是( )。
    A. 当地地方政府
    B. 儿童、少年本人
    C. 父母或其他法定监护人
    D. 户籍所在地的学校

12. 根据《〈教师资格条例〉实施办法》的规定,现阶段我国幼儿园教师资格认定条件一般包括五个方面,但不包括( )。
    A. 学历要求
    B. 普通话条件
    C. 思想品德要求
    D. 一定的实习时间

13. 某市教委在幼儿园教师中随机调查,问:"您热爱学生吗?"90%以上的教师都回答"是";而当转而问及幼儿园的小朋友"你体会到老师对你的爱了吗"时,回答"体会到"的幼儿只有10%。这说明( )。
    A. 教师还没有掌握高超的沟通与表达技巧
    B. 教师尚不具备高尚的道德境界
    C. 教师缺乏信心
    D. 教师缺乏爱心

14. 《中小学教师职业道德规范》要求教师要做到"对学生严慈相济,做学生的良师益友""保护学生安全,关心学生健康,维护学生权益"等。这说明教师在履行职业道德规范时,应做到( )。
    A. 以人为本
    B. 继承与创新相结合
    C. 倡导与禁止相结合
    D. 他律与自律相结合

15. 王老师对幼儿教育充满激情,对幼儿倾注了全部的"爱",总希望幼儿既要认真学本领,又要乖巧懂事,而且身体健康。因此,当幼儿的表现达不到王老师的要求时,她就会采取一些不适当的手段以便管住幼儿。这说明王老师( )。
    A. 没有掌握正确的教育观和儿童观
    B. 对幼儿和对工作的态度存在偏差
    C. 保育教育的方式方法失当
    D. 言行举止和自我约束失当

16. 下列对幼儿园教师的教育语言及要求说法不正确的是( )。
    A. 在表扬幼儿时,要注意有分寸感,即表扬必须实事求是,恰如其分
    B. 在批评幼儿时,可讲"气话""重话",将幼儿的错误夸大化或对幼儿全盘否定
    C. 在激励幼儿时,可运用赞美、表扬、激将、鼓励等方式来激发幼儿奋发向上
    D. 在暗示幼儿时,可用委婉含蓄的聊天、故事、笑话、趣闻等方式启迪幼儿的心灵

17. 下列名言中,体现严于律己、身体力行、为人表率的师德规范的是( )。
    A. 躬自厚而薄责于人
    B. 三人行必有我师焉
    C. 学而时习之
    D. 见贤思齐

18. 陈老师从事幼教事业已有15个年头,她一直用慈母般的爱心温暖着孩子们幼小的心灵。每天她总是第一个到幼儿园,最后一个离开;她曾为了美化教育环境而在零度以下的室外作画;她潜心研究,开发校本课程。陈老师的行为体现的职业道德规范是( )。
    A. 爱国守法　　　B. 爱岗敬业　　　C. 关爱幼儿　　　D. 教书育人

19. 王维《九月九日忆山东兄弟》:"遥知兄弟登高处,遍插茱萸少一人。"这句诗描述的是我国的( )。
   A. 寒食　　　B. 端午　　　C. 重阳　　　D. 冬至

20. 以下哪项不属于"三皇五帝"中"三皇"的是( )。
   A. 伏羲　　　B. 女娲　　　C. 神农　　　D. 颛顼

21. 以下哪项不属于著名作曲家贝多芬作品的是( )。
   A.《魔笛》　　B.《英雄》　　C.《田园交响曲》　　D.《合唱》

22. 我国南北朝时期有一位杰出的数学家、科学家,他计算出圆周率在3.1415926—3.1415927之间。这是当时世界上最精确的值,直到1100多年后才被阿拉伯和法国的数学家超越。这位杰出的数学家是( )。
   A. 祖冲之　　B. 秦九韶　　C. 刘徽　　D. 华罗庚

23. 必须围绕恒星运转的天体,其质量足够大,能依靠自身引力使天体呈圆球状,此外,其轨道附近应该没有其他物体。这种星叫( )。
   A. 恒星　　　B. 彗星　　　C. 行星　　　D. 流星

24. 在血常规化验中一般缩写成RBC,它是血液中数量最多的一种血细胞,也是脊椎动物体内通过血液运送氧气的最主要的媒介,同时还具有免疫功能。这里的RBC指的是( )。
   A. 白细胞　　B. 红细胞　　C. 淋巴细胞　　D. 血小板

25. 除了阮籍、嵇康、山涛、刘伶、王戎、向秀,"竹林七贤"还包括( )。
   A. 陈琳　　　B. 王粲　　　C. 徐干　　　D. 阮咸

26. 闻一多是我国著名爱国诗人,以下属于其主要作品的是( )。
   A.《死水》　　B.《寒夜》　　C.《龙须沟》　　D.《春水》

27. 以下不属于批判现实主义文学家巴尔扎克的代表作的是( )。
   A.《高老头》　　B.《人间喜剧》　　C.《包法利夫人》　　D.《贝姨》

28. 在某次交通整治民意代表座谈会的代表中,有一个人是黑龙江人,有一个人是广东人,有两个人方人;其中,有两个人只负责客运业务,有三个人只从事货物运输。如果以上的介绍包括了该次座谈会的所有代表,则参加这次座谈会的代表( )。
   A. 最少可能是3人,最多可能是8人
   B. 最少可能是5人,最多可能是8人
   C. 最少可能是5人,最多可能是9人
   D. 最少可能是3人,最多可能是9人

29. 语言文字功底扎实,大致意思是要求学者能较好地掌握研读经典和撰写论文所需的语言文字。这一点具有普适性,而对于研究传统文化或西方文化、印度文化的学者来说尤其重要。没有扎实的古文字功底,不熟练掌握英语、梵文等外语,仅从白话本、汉译本这些第二手资料入手来做学问,固然也可以取得一定的学术成果,但不大可能成为学术大家。

   这段文字意在说明( )。
   A. 掌握古文字和外语是搞好学术研究的前提
   B. 占有第一手资料才能取得突出的学术成就
   C. 正确解读语言文字是文化研究的关键所在
   D. 语言文字功底影响学术研究的深度与水平

二、材料分析题(本大题共3小题,每小题14分,共42分)

阅读材料,并回答问题。

30. **材料:**

默默刚入园的第一个上午,拽着外公的衣角进入教室。一进教室,她一只手去拿玩具,另一只手仍紧紧拉住外公的衣角。我微笑着和她打招呼:"你早,默默。"她张张嘴倒抽了一口气也没能把"老师早"说出口。外公不高兴地撇开她的手说:"赶快说,老师早。"默默被外公的吼声吓住了,立刻号啕大哭,拽着外公的手就更紧了。我试图把她抱在怀里,可怎么也拉不住。最后是外公努力摆脱了孩子,头也不回地离开了教室。可孩子却并不罢休,又踢又闹。我意识到,此时讲道理根本不管用,不如用"变魔术"的方法来吸引她。我说:"默默,你看我手上什么也没有,可是你不哭的话就会变出东西来。"听我这么一说,她一边哽咽地止住哭声,一边瞪大疑惑的眼睛看着我。我一边说:"变变变",一边从另一只手摸出带有梅花图案的小印章。我用小印章在一张白纸上印出一朵小梅花,并把小印章放在默默的手上说:"默默,如果我们能天天上幼儿园和小伙伴共同学习本领,小印章就能每天送给你一朵小梅花,你说好不好?"默默并没有答复我,只是不停地看着小印章。

转眼到了中班,默默还是不怎么说话,我经常站在她身边自言自语:"这些图书不知道是谁看完了也不放好?"默默突然说:"是静静。"我故作惊讶:"原来默默看见了,那么默默可以整理好吗?"默默点点头,不言不语地把书一本一本放整齐。我看到这种完成任务的方法可以帮助默默建立自信心,于是,经常让默默当老师的小助手拿材料、发学具,在活动结束时表扬她。虽然默默并没有表现出我想象中的欣喜,但她的脸上有了笑容和自信。一天,我要上一节语言活动课:诗歌《七个阿姨摘秋果》。我刚念完第一句,默默旁边的小朋友说:"老师,默默会念。"默默此时低着头揉搓着衣角。我拉起默默的手:"今天,老师和默默一起把这首诗歌念出来。我忘记的地方,默默帮助我。"我一直拉着默默的手,和她一起念,默默的声音越来越响亮。此时,我的心跳也在加快,因为默默终于能在大家面前大声地说话了。"默默我们再念一遍。"这样连续了三次,小朋友们也为默默的进步感到高兴,为她鼓掌。

问题:

(1)请从儿童观的角度分析这位教师的教育行为。(7分)

(2) 上述材料给你哪些启示？（7分）

31. **材料：**

林老师曾说："我的生命因孩子而精彩，我要用我的'五心'（即爱心、责任心、耐心、细心和热心）照亮孩子的童心。"

在保育工作中，林老师既是老师又是妈妈。对清理孩子大小便后的衣裤、照顾体弱厌食幼儿驾轻就熟，抢着与保育员一起对生病、呕吐的幼儿细心护理。为减轻年轻家长的负担，她还提供了每周检查幼儿指甲的服务。林老师平时认真把好盥洗、如厕、餐饮、午睡等几个关，真正落实三位一体，做到保教并重。

林老师平时始终把"真诚地面对每一位幼儿"作为自己的工作宗旨，所教班级班风生动活泼、积极向上，各项工作开展得有声有色。工作之余，她还辅导幼儿参加各类比赛，多名幼儿在全国"双龙杯"绘画比赛中获得银奖、铜奖或优秀奖。

林老师还利用幼儿园的网站每天晚上与家长交流育儿经验，经常与家长沟通孩子的学习情况。家长都说："林老师热心、尽心、耐心，把孩子交给她，我们放心。"

林老师把幼儿园当成了自己的家，把三十几个幼儿当成了自己的孩子，她把整个身心全扑在幼儿园的工作之中，用强烈的责任心和事业心为工作倾注了所有心血。超负荷的工作，一次次压得林老师喘不过气来，有时累得她腰酸背痛，家人和同事担心她腰椎间盘突出复发都劝她休息，她总是微微一笑说："晚上躺一会儿就会好的。"

林老师利用节假日进行了多媒体计算机、普通话等培训。她还把学到的知识运用到教育教学工作中，制作了教学课件，每周一次多媒体教学活动，提高了幼儿学习的兴趣，激发了幼儿学习的欲望。林老师的多篇论文获得全国、市级奖项，所带的新教师和实习生也成为业务上的能手。

问题：
请从教师职业道德角度分析林老师的保育教育行为。（14分）

32. 材料：

① 看到你们这一支以应用科学作为自己专业的青年人的队伍,我感到十分高兴。我可以唱一首赞美诗来颂扬应用科学已经取得的进步;并且无疑地,在你们自己一生中,你们将把它更加推向前进。我所以能讲这样一些话,那是因为我们是生活在应用科学的时代和应用科学的家乡。但是我不想这样来谈。我倒想起一个娶了不称心的妻子的小伙子。当人家问他是否感到幸福时,他回答说:"如果要我说真心话,那我不得不扯谎了。"

② 我的情况也正是这样。试设想,一个不很开化的印第安人,他是否不如通常的文明人那样丰富和幸福?我想并不如此。一切文明国家的儿童都那么喜欢扮"印第安人"玩,这是值得深思的。

③ 这样了不起的应用科学,它既节约了劳动,又使生活更加舒适,为什么带给我们的幸福却那么少呢?坦率来讲,因为我们还没有学会怎样正当地去使用它。

④ 在战争时期,应用科学给了人们相互毒害和相互残杀的手段。在和平时期,应用科学使我们生活匆忙和不安定。它没有使我们从必须完成的单调的劳动中得到多大程度的解放,反而使人成为机器的奴隶;人们绝大部分是一天到晚厌倦地工作着,他们在劳动中毫无乐趣,而且经常提心吊胆,唯恐失去他们那一点点可怜的收入。

⑤ 你们会以为在你们面前的这个老头子是在唱不吉利的反调。可是我这样做,目的无非是向你们提一点忠告。如果你们想使你们一生的工作有益于人类,那么,你们只懂得应用科学本身是不够的。关心人的本身,应当始终成为一切技术上奋斗的主要目标;关心怎样组织人的劳动和产品分配这样一些尚未解决的重大问题,用以保证我们科学思想的成果会造福人类,而不致成为祸害。

⑥ 在你们埋头于图表和方程时,千万不要忘记这一点。

(节选自爱因斯坦《给青年们的一封信》)

问题：

(1) 文章第2自然段,作者提到"不很开化的印第安人",有何用意?(4分)

(2)概括第6自然段"在你们埋头于图表和方程时,千万不要忘记这一点"中加点词"这一点"的内容,并联系社会现实,谈谈你的思考。(10分)

三、写作题(本大题1小题,50分)

33.阅读下面的材料,根据要求写一篇文章。

材料:

德育就是用"爱"的浪花推动青少年前进的风帆,用"善"的乳汁润滑青少年生命前进的车轮,用"美"的春雨沐浴青少年飞翔的双翼,用"真"的阳光照耀青少年生命成长的大道。美好的使命自然使德育成为最有魅力的教育。我们要让青少年明白生命是美丽的,是神圣的,是伟大的,应该享受生命,体悟生命,热爱生命,保护生命,珍惜生命,捍卫生命的尊严,激发生命的潜能,并且要努力提升生命的价值。我们要让青少年懂得在内心世界打下亮丽的底色的意义,引导他们过精神生活,去追求真善美,去追求自己生命价值的最佳体现。

根据上述材料,请你用规范的现代汉语写一篇议论文。

要求:

(1)题目自拟,字数不得少于800字;(2)观点明确,分析具体;(3)条理清楚,语言流畅;(4)论据充分,方法得当。

综合素质（幼儿园）
全真模拟与预测试题 3

注意事项：

考试时间为120分钟，满分150分。

一、单项选择题(本大题共29小题，每小题2分，共58分)

1. 在我国学前教育领域，全面发展教育的内容一般包括(　　)。
   A. 体智美劳　　　B. 体德美劳　　　C. 体智德美　　　D. 智德美劳

2. 董老师上课时，小明总爱举手，但是答题经常出错；小强不爱举手，但是点名提问时却总能答对，教师下列的做法中，最合适的是(　　)。
   A. 表扬小明爱举手，批评小强不发言　　　B. 批评小明总出错，批评小强不发言
   C. 启发小明多思考，鼓励小强多举手　　　D. 批评小明总出错，表扬小强爱思考

3. 幼儿入学后，经常会模仿教师的言行举止，对教师言听计从、极为尊敬甚至崇拜。这说明幼儿具有(　　)。
   A. 可塑性　　　B. 依赖性　　　C. 定向性　　　D. 向师性

4. "十个手指各有长短"说明了幼儿发展过程中存在(　　)。
   A. 顺序性　　　B. 阶段性　　　C. 互补性　　　D. 差异性

5. "为人师表""学高为师，身正为范"体现了教师职业具有极强的(　　)。
   A. 示范性　　　B. 复杂性　　　C. 长期性　　　D. 创造性

6. 教师专业化发展依次经历了三个阶段，它们分别是(　　)。
   A. 非形式化—形式化—制度化
   B. 专业化—专门化—非专门化
   C. 非专门化—专门化—专业化
   D. 非专门化—形式化—专业化

7. 各省、自治区、直辖市的人民代表大会及其常务委员会制定的《义务教育条例》属于(　　)。
   A. 自主性的地方教育法规　　　B. 执行性、补充性的地方性教育法规
   C. 教育行政法规　　　　　　　D. 教育(行政)规章

8. 根据我国现行的《教育法》，我国的学校教育制度包括(　　)。
   A. 学前教育、初等教育、中等教育
   B. 学前教育、初等教育、中等教育、高等教育
   C. 学前教育、初等教育、中等教育、职业教育、高等教育
   D. 学前教育、初等教育、中等教育、成人教育、高等教育

9. 根据我国《教师法》的规定，我国的教师属于(　　)。
   A. 公务人员　　　B. 专业人员　　　C. 半专业人员　　　D. 国家干部

10. 大四学生杨某，2013年参加国家教师资格考试，由于考试期间有作弊行为，根据《教师资格条例》规定，杨某下次参加国家教师资格考试的时间最早是(　　)。
    A. 2016年　　　B. 2017年　　　C. 2018年　　　D. 2019年

11. 联合国大会通过的《儿童权利公约》规定了儿童权利的若干基本原则，其中不包括(　　)。
    A. 儿童自主发展原则　　　B. 儿童最大利益原则
    C. 尊重儿童意见原则　　　D. 尊重儿童权利原则

12. 根据《预防未成年人犯罪法》的规定,家庭、学校对未成年人的责任包括(   )。
    A. 监护、教育、管教   B. 教育、管教、感化
    C. 保护、教育、监管   D. 教育、感化、保护

13. 《幼儿园工作规程》规定,幼儿园是对学龄前幼儿实施保育和教育的机构。学龄前幼儿指(   )。
    A. 2周岁以上的儿童   B. 3周岁以上的儿童
    C. 4周岁以上的儿童   D. 6周岁以下的儿童

14. 倡导"千教万教教人求真,千学万学学做真人"的教育家是(   )。
    A. 叶圣陶   B. 陶行知   C. 杨贤江   D. 蔡元培

15. 下列班主任的做法中,违反现行《中小学班主任工作条例》要求的是(   )。
    A. 深入分析学生思想、心理、学习、生活状况,有针对性地进行思想道德教育
    B. 组织本班学生自行制定和实施班规,负责收缴学生违规罚款,决定班费开支
    C. 组织、指导开展班会等班级活动,做好班级的日常管理工作和安全防护工作
    D. 组织做好学生的综合素质评价工作,评定学生的操行,向学校提出奖惩建议

16. "爱岗敬业"是教师职业道德的基本要求之一,其具体要求涉及若干方面,但其中不包括(   )。
    A. 忠于教育事业,有远大的理想
    B. 认真备课,认真批改学生作业
    C. 工作认真负责,乐于无私奉献
    D. 严慈相济,做学生的良师益友

17. 教师进行人格修养的最好策略是(   )。
    A. 取法乎下   B. 取法乎中   C. 取法乎上   D. 无法即法

18. 在角色扮演游戏课上,多多老是与其他小朋友发生冲突,万老师怎么说他都不听,还在继续吵闹。一气之下,万老师踢了一下多多。第二天多多的母亲来幼儿园找万老师。如果你是万老师,你会(   )。
    A. 注意控制自己的情绪,向多多及其母亲道歉
    B. 告诉多多母亲踢多多的理由,说明都是为了他好
    C. 不理会,怕控制不好自己的情绪与她吵起来
    D. 在多多面前告诉其家长多多如何不好好学习

19. 下列不属于陀思妥耶夫斯基的作品是(   )。
    A.《罪与罚》   B.《彼得大帝的黑奴》
    C.《白痴》   D.《卡拉马佐夫兄弟》

20. 《小兵张嘎》是产生于20世纪五六十年代的一部脍炙人口的儿童小说,被改编成电影后传遍全国。该作品的作者是(   )。
    A. 金近   B. 陈伯吹   C. 贺宜   D. 徐光耀

21. 下列选项中的民俗均与端午节有关的是(   )。
    A. 剪窗花、踏青、燃放灯火、放风筝
    B. 饮菊花酒、赏月、佩茱萸、猜灯谜
    C. 赏菊花、放孔明灯、插柳、贴春联
    D. 饮雄黄酒、吃粽子、赛龙舟、插菖蒲

22. 《天仙配》《女驸马》等戏曲在我国广泛流传,它们都属于我国某种戏曲的传统经典曲目。这种戏曲是( )。
    A. 京剧   B. 黄梅戏   C. 昆曲   D. 川剧

23. "两弹一星"最初是指( )。
    A. 原子弹、导弹和人造卫星   B. 原子弹、核弹和人造卫星
    C. 氢弹、导弹和人造卫星   D. 核弹、导弹和人造卫星

24. 下列选项不属于集中趋势分析常用的统计指标的是( )。
    A. 平均数   B. 中数   C. 平均差   D. 众数

25. 下列作者、作品、朝代对应正确的一项是( )。
    A. 韩愈—《诫子书》—汉朝   B. 贾谊—《过秦论》—汉朝
    C. 欧阳修—《秋声赋》—宋朝   D. 王安石—《捕蛇者说》—宋朝

26. "万物生长靠太阳",这是多少年来人们从实际生活中总结出来的一个公认的事实,然而,近年来科学家们研究发现,月球对地球的影响远远大于太阳;孕育地球生命的力量,来自月球而非太阳。以下哪项不能作为上述论断的证据( )。
    A. 在月照下,植物生长快且长得好,月照特别是对几厘米高、发芽不久的植物(如向日葵、玉米等)最有利
    B. 当花枝因损伤出现严重伤口时,月光能清除伤口中那些不能再生长的纤维组织,加快新陈代谢,使伤口愈合
    C. 植物只有靠了太阳光才能进行光合作用,动物也只有在阳光下才能茁壮成长
    D. 月球在地球形成之初,影响地球使其产生了一个巨大磁场,屏蔽了来自太空的宇宙射线对地球的干扰

27. 我国《宪法》规定:中华人民共和国年满18周岁的公民,不分民族、种族、性别、职业、家庭出身、宗教信仰、教育程度、财产状况、居住期限,都有选举权和被选举权;依照法律剥夺政治权利的人没有选举权和被选举权。根据这一法律规定( )。
    A. 选举权是不受任何限制的
    B. 学生也都具有选举权和被选举权
    C. 罪犯都不具有选举权和被选举权
    D. 拥有选举权和被选举权的必须是18周岁以上的中国公民

28. 自然资源稀缺,产权就非常重要。因为产权明确,人们再也不会超负荷放牧。到发达国家农牧业地区看过的人都知道,分割牧场使用的都是铁丝网,这全是君子线,堵不住小人。但是在一个法制的社会,这种防君子不防小人的界线,是具有法律权威的。难怪有一本书说铁丝网是19世纪人类社会十大发明之一。下面不符合这段话所表达的意思的是( )。
    A. 产权的划分要有法律来保障   B. 铁丝网只有在法制社会才起作用
    C. 法律能约束君子但不能约束小人   D. 产权明确可以防止自然资源的过度开发

29. 被评论界认为是意大利继《木偶奇遇记》之后又一部流传各国的传世佳作,给意大利和作者本人带来了世界性声誉的是意大利著名游记作家亚米契斯的( )。
    A.《绿野仙踪》   B.《小王子》
    C.《爱丽丝梦游仙境》   D.《爱的教育》

二、材料分析题(本大题共3小题,每小题14分,共42分)

阅读材料,并回答问题。

30. 材料:

19世纪著名的数学家、物理学家麦克斯韦小的时候,有一次父亲叫他画静物写生,对象是插满秋萝的花瓶。等到麦克斯韦画完交卷时,父亲边看边笑了起来。因为满纸涂的都是几何图形:花瓶是梯形,菊花成了大大小小的圆圈,还有一些奇奇怪怪的三角形,大概是表示叶子的。细心的父亲立即发现了小麦克斯韦对数学特别敏感:在他的眼中,许多事物都似乎变成了几何图形。于是父亲就开始教他几何学,后来又教他代数。果然,麦克斯韦不久就在数学方面显示出惊人的才华——15岁时就写了一篇数学论文,发表在《爱丁堡皇家学会学报》上,使得一些教授们都惊叹不已。

问题:

请从儿童观的角度分析上述材料对你的启示。(14分)

31. 材料:

9月9日中午,记者来到济南幼儿师范学校,走近了幼儿教师这个行业,关注幼儿园的男教师。作为一名幼儿教师,除了学前教育学、学前心理学、学前卫生学等,弹琴、画画、跳舞、体操都是必修课程,在美术班里,甚至还要学习缝制布娃娃。

男生朱庆瑞刚上大学三年级,已经在幼儿园见习过几次了。"有一次,一个孩子突然流鼻血"。朱庆瑞说,孩子吓坏了,他赶紧做了恰当的处理,防止血液呛到孩子气管里,"我们平时要学幼儿卫生常识这样的课程,遇到紧急情况必须会处理"。

而对男生来说,比较痛苦的是上舞蹈课。大部分男生的身体都比较僵硬,劈叉、下腰都成了难题。大学四年级音乐班的韩良说,之前他并没有在舞蹈上下大功夫,真到了舞蹈班才发现柔韧度不行,"昨天我回家压脚背,把脚指头都磨出泡来了"。

其实,也有一些课程是男生特别喜欢和擅长的。"我特别喜欢武术。"魏波是大学四年级的学生,他在学校已经习武四年了,现在最拿手的是九节鞭。此外,计算机、数学等也是男生比较擅长的。

问题：
(1)上述材料说明幼儿园教师专业发展的基本内容有哪些？（6分）

(2)一名优秀的幼儿园教师,应该具备哪些素质？（8分）

32. **材料：**

　　老街两边,一溜儿开有十多家古玩店。"珍宝斋"的门店在老街的最里面。老板姓赵,做这一行已经有二十多年了。赵老板内行,眼力好。据说,好东西只要打他眼前一过,没有看走眼的。

　　一次,老街有家店收了一件钧瓷,吃不准货色。半条街的人都看过了,但谁也不敢拍板下结论。店主亲自出马,恭恭敬敬地请赵老板赏脸,过去给看一眼。赵老板热心,当即过去,反复把玩了,淡淡地说："收着。"

　　店主心中一喜,禁不住颤声问："能收？"

　　赵老板朗声道："能收！"后来,那件钧瓷出手,价钱竟然翻了10倍。自此,赵老板名声日隆。

　　但是,新近开张的"云芳斋"的李老板却偏不信这个邪。李老板的店原本开在省城,不知怎么一时兴起,在小镇开一家分店。他初来乍到,想干一件露脸的事,好在老街尽快站稳脚跟。

　　这天,"珍宝斋"来了个外乡人。看打扮,像是落难之人。一进店,那人便掏出一个精巧的盒子,说盘缠儿不够了,身上有块玉,想换俩钱花。伙计打开盒子,一看,心里一惊,赶忙一溜小跑,把正在后院竹椅上闭目养神的赵老板请了过来。

　　赵老板拿过那盒子,看了一下玉,又盖上盒子,端详良久,问卖家："想淘换多少钱？"

　　卖家说："少说也得这个数。"说着,伸出五根手指。

　　赵老板不语,站起身来,踱了几步,站定,对着卖家伸出了三根手指。

卖家摇摇头，固执地伸出五根手指，神色凝重地说："这可是家传的宝贝，低于这个数，免谈。"

"收了。给客人添茶。"赵老板微微皱了皱眉头，不动声色地吩咐道。客人走后，赵老板拿了盒子，低声嘱咐了伙计几句，然后不紧不慢地踱着方步，回后院品茶去了。

卖家出了古玩街，在镇上拐了几个弯，又勾回头，一闪身进了"云芳斋"的后院。伙计远远地看得仔细，回来向赵老板汇报。赵老板低头沉思良久，叹了口气，说："这个李老板，不怎么地道啊！"

隔天，李老板和街上的几个店主来到"珍宝斋"，进门便嚷："听说贵店新近收了件好东西，拿出来，让大家开开眼！"

赵老板拱手道："小玩意儿而已，不值一提。"见赵老板不肯拿出玉，李老板暗自得意，忍不住大声嚷嚷："赵老板，您不让我们开眼，莫非您这一次走了眼，收了个扔货？"

赵老板干咳一下，默不作声。李老板愈发得意起来："呵呵，想不到，老街赫赫有名的赵老板，也有看走眼的时候。"

这可关系到"珍宝斋"的声誉，连伙计都急了，赵老板依旧笑而不答。

李老板恣意取笑一番之后，领着一群人得意洋洋而去。伙计实在忍不住了，说："老板，您怎么一句话也不说啊？莫非咱们真的着了人家的道，收了个赝品？"

赵老板粲然一笑，说："玉的确不怎么样，但盒子实实在在是个好东西。上等的古檀香木，名家雕刻的纹饰。你说，究竟是谁走眼了？"伙计明白过来，心里那块石头终于落了地。他不解地问："既然如此，您为何不说，羞辱李老板一番呢？以其人之道，还治其人之身啊！"

赵老板长叹一声，说："都在这个圈子里混饭吃，得饶人处，且饶人吧！"

一个月后，"珍宝斋"做成了一笔买卖，一个雕工精良的古檀香木盒子卖了个好价钱，整条老街都轰动了。

不久，老街的人发现，"云芳斋"的牌子在夜里悄悄摘掉了，店面转给了一个本地人。

(选自王伟峰作品《走眼》)

问题：

(1) 赵老板在鉴定钧瓷时，小说先用"淡淡"，后用"朗声"来描写他的神态，反映了人物怎样的心理？(3分)

(2) 小说的结尾处，李老板为什么会悄悄摘牌走人？(3分)

（3）这篇小说为什么要用"走眼"做题目？（4分）

（4）结合赵老板这一人物形象分析作品主旨。（4分）

三、写作题（本大题 1 小题，50 分）

33. 阅读下面的材料，根据要求写一篇文章。

痕　迹

把每一个黎明看作生命的开始
把每一个黄昏看作生命的小结
让每一个这样短短的生命
都能为自己留下一点儿可爱的事业的脚印
和你心灵得到实质的痕迹

读了这首小诗能引发你怎样的思考？请选择合适的角度写一篇不少于800字的文章。
要求：
①选择角度，明确立意，自拟题目；②不得脱离材料内容及含义的范围；③除诗歌外文体不限；④用规范的现代汉语写作。

综合素质(幼儿园)
全真模拟与预测试题 4

注意事项：

考试时间为120分钟,满分150分。

一、单项选择题(本大题共29小题,每小题2分,共58分)

1. 某幼儿园把小学一年级的语文、数学知识作为其主要的教学内容。这种做法违反幼儿身心发展的(　　)。
   A. 顺序性　　　B. 差异性　　　C. 互补性　　　D. 稳定性

2. 学前儿童根据自己的兴趣和意愿以满足自身获得的需要为目的,不带任何社会功利的活动是(　　)。
   A. 生活活动　　B. 学习活动　　C. 游戏活动　　D. 体育活动

3. 在教学过程中,素质教育强调的不是一味地获得结果,而是(　　)。
   A. 记忆知识　　B. 发现知识　　C. 积累知识　　D. 搜集知识

4. 张老师走进教室时,刚刚推开虚掩着的教室门,忽然一把扫帚掉了下来,不偏不倚,正好打在张老师的讲义夹上,课堂上一片哗然。下列处理方式中,张老师最恰当的选择是(　　)。
   A. 大发雷霆,立即查找恶作剧的人
   B. 自我解嘲地笑着说:"看来我工作中的问题不少,连扫帚都向我表示不满了。希望你们在课后也给我提提意见,帮助我改进工作吧!"
   C. 稍作整理,批评训斥学生
   D. 认真地说:"我就喜欢接受他人的挑战。"

5. "你的教鞭下有瓦特,你的冷眼里有牛顿,你的讥笑中有爱迪生。"这句话说明儿童是(　　)。
   A. 具有生存权利的人　　　　　B. 具有发展潜能的人
   C. 具有独特个性的人　　　　　D. 具有独立人格的人

6. 吴老师快要结婚了,她班里的家长们每人自愿地拿出200元表示祝贺。吴老师正确的选择是(　　)。
   A. 接受,这是尊师重教的具体表现
   B. 拒绝,这是公开接受贿赂
   C. 接受,这是教师多年付出的回报
   D. 拒绝,这是变相腐败行为

7. 为保障教师完成教育教学任务,各级人民政府、教育行政部门、有关部门、学校和其他教育机构应当各自履行自己的职责,为学校教育的发展服务。据此,下列说法错误的是(　　)。
   A. 为学校介绍和推荐各种教学辅导用书和练习辅导用书,从中收取回扣
   B. 提供符合国家安全标准的教育教学设施和设备
   C. 支持教师制止有害于学生的行为或者其他侵犯学生合法权益的行为
   D. 对教师在教育教学、科学研究中的创造性工作给予鼓励和帮助

8. 按照我国《教师法》的规定,对侮辱、殴打教师的,根据不同情节,应该采取的措施不包括( )。
   A. 给予行政处分或者行政处罚
   B. 造成损害的,责令赔偿损失
   C. 情节严重、构成犯罪的,依法追究刑事责任
   D. 说服与劝阻

9. 教师法律救济的途径是指教师认为其权益受到损害时,请求解决或补偿的渠道或方式,一般不包括( )。
   A. 司法救济   B. 行政救济   C. 社会救济   D. 教育救济

10. 根据我国《未成年人保护法》和《预防未成年人犯罪法》的规定,对未成年人犯罪一律或一般不公开审理的年龄是( )。
    A. 14周岁以上18周岁以下
    B. 14周岁以上不满16周岁
    C. 16周岁以上不满17周岁
    D. 18周岁以下

11. 以下属于幼儿科学教育目标的是( )。
    A. 生活、卫生习惯良好,有基本的生活自理能力
    B. 愿意与同伴共同探索,能用适当的方式表达各自的发现,并相互交流
    C. 爱父母、爱老师、爱同伴、爱家乡、爱祖国
    D. 喜欢与人谈话、交流

12. 下列选项中说法错误的一项是( )。
    A. 学校应当建立、健全安全制度和应急机制,对学生进行安全教育,加强管理,及时消除隐患,预防发生事故
    B. 县级以上地方人民政府定期对学校校舍安全进行检查;对需要维修、改造的,及时予以维修、改造
    C. 学校不得违反国家规定收取费用,不得以向学生推销或者变相推销商品、服务等方式谋取利益
    D. 学校可以根据需要聘用曾经因故意犯罪被依法剥夺政治权利或者其他不适合从事义务教育工作的人担任工作人员

13. 有研究认为,专家型教师的养成,必须至少有十多年的教学经验,在教室里讲授的课时至少要达到( )。
    A. 10 000小时   B. 12 000小时   C. 13 000小时   D. 15 000小时

14. 首次确定"教师是一项专门的职业"的文件是( )。
    A.《关于教师地位的建议》   B.《国际标准职业分类》
    C.《教师法》   D.《教师资格条例》

15. 有位小朋友将几片纸屑随意扔在走廊上,王老师路过时顺手捡起来并丢进垃圾桶,该小朋友满脸羞愧,王老师的行为体现的职业道德是( )。
    A. 热爱幼儿   B. 爱岗敬业   C. 为人师表   D. 廉洁奉公

16. 在幼儿园教师基本技能大比武前夕,李老师得到了一套很好的复习资料,王老师希望李老师能够借给她复印一下,但李老师拒绝了。李老师的做法表明她( )。
    A. 让同事自我创新   B. 不能尊重同事

C. 让同事自主发展　　　　　　　　　D. 不能团结协作

17. 刘老师在保育教育活动过程中很少关注那些表现一般的幼儿,而把大部分时间和精力都放在那些学得快、做得好的幼儿身上,刘老师的做法(　　)。
   A. 有助于儿童的个性发展　　　　　B. 有助于教学任务的完成
   C. 违背了公正施教的要求　　　　　D. 违背了严慈相济的要求

18. "其身正,不令而行;其身不正,虽令不从。"说明教师要(　　)。
   A. 廉洁从教　　　　　　　　　　　B. 为人师表
   C. 教书育人　　　　　　　　　　　D. 终身学习

19. 下列关于诸子百家的代表人物及其著作搭配正确的是(　　)。
   A. 庄子—道家—《南华经》　　　　B. 吕不韦—纵横家—《吕氏春秋》
   C. 孙思邈—医家—《伤寒杂病论》　D. 子思—儒家—《大学》

20. 被称为"音乐之父"的音乐家是(　　),他的代表作品是(　　)。
   A. 巴赫;《b小调弥撒曲》　　　　　B. 贝多芬;《序曲》
   C. 贝多芬;《命运》　　　　　　　　D. 莫扎特;《魔笛》

21. 世界上最早的、由国家发行的药典是(　　)。
   A. 云丹贡布的《四部医典》　　　　B. 西汉时期编定的《黄帝内经》
   C. 唐代的《唐本草》　　　　　　　D. 李时珍的《本草纲目》

22. 下列说法正确的是(　　)。
   A. 普朗克创立了光量子论
   B. 哈勃提出并证实了宇宙膨胀理论
   C. 美国科学家沃森和克里克研究出人类基因组图谱
   D. DNA双螺旋结构的分子模型的建立标志着分子生物学的诞生

23. 在我国,获得"人民艺术家"称号的现当代文学家是(　　)。
   A. 老舍　　　　B. 朱自清　　　　C. 巴金　　　　D. 鲁迅

24. 我国将每年9月第三周的公休日定为全国科普日。为迎接全国科普日的到来,进一步激发青少年学科学、爱科学、用科学的意识,某幼儿园王老师打算给孩子们推荐一些科普读物。王老师最适合推荐下列科普读物中的(　　)。
   A.《小小牛顿幼儿馆》　　　　　　B.《DK儿童百科全书》
   C.《万物简史》　　　　　　　　　　D.《国家地理科学探索丛书》

25. 中国传统的文学大家,其文本与人格必是始终如一、珠联璧合、无懈可击的,才可称为大家。其人生不仅要与大群人生合二为一,而且要与大自然融为一体,这才能与中国文化精神中的"以人为本"及"天人合一"思想相映照。这是古典中国的文学大统,然而已被中国当代文学遗忘得一干二净。这段文字意在说明的是(　　)。
   A. 古典中国文学的大统思想　　　　B. 中国古今文学之大不同
   C. 中国当代文学缺乏大统思想　　　D. 何为中国传统的文学大家

26. 中国古代以干支纪年,天干是"甲、乙、丙、丁、戊、己、庚、辛、壬、癸",地支是"子、丑、寅、卯、辰、巳、午、未、申、酉、戌、亥"。甲午战争发生于1894年,八国联军侵华的1900年应是(　　)。
   A. 己亥年　　　　B. 壬寅年　　　　C. 庚子年　　　　D. 癸卯年

27. "连中三元"一词来源于中国古代的科举考试制度。这里的"三元"指(　　)。
    A. 解元、会元、状元　　　　　　B. 状元、榜眼、探花
    C. 秀才、举人、进士　　　　　　D. 乡试、会试、殿试

28. 被高尔基誉为世界民间文学史上"最壮丽的一座纪念碑"的儿童文学作品是(　　)。
    A.《安徒生童话》　B.《格林童话全集》　C.《伊索寓言》　D.《天方夜谭》

29. 发现元素周期律的科学家是(　　)。
    A. 道尔顿　　　　B. 门捷列夫　　　　C. 阿伏伽德罗　　　D. 拉瓦锡

二、材料分析题(本大题共3小题,每小题14分,共42分)

阅读材料,并回答问题。

30. **材料:**

某幼儿园的两位教师在办公室闲谈,甲老师说:"我们班的××特别聪明,懂得很多知识,真不愧是工程师的儿子。"乙老师说:"我们班的××什么都不会,怎么教都学不好,没办法,父母都是小学文化。"甲老师说:"龙生龙,凤生凤,老鼠的儿子会打洞嘛,就是这个理儿。"

问题:

请你运用教师职业理念中儿童观的相关知识对这两名教师的行为进行评析。(14分)

31. **材料:**

我在单位工作很有成就感,因此,在日常的生活和工作中,我不怕见父母、不怕见邻居、不怕见同事和领导,但是就怕见我孩子的那位老师。都怪我的儿子不争气,使我也总是挨这位老师的训。我儿子爱说爱动,在课堂上时常有"违反"纪律的现象,因为这些事我被这位老师在电话里或当面训了两三次。"你这个家长是怎么当的,连孩子都管不好!""孩子的毛病都是你们大人惯的,你们这样的家长实在太多了!不怎么样的家长,孩子都是这个样子,瞎逞能。"等。有一次,儿子因同学给他起外号,把那个同学鼻子打出了血,我在老师电话的严厉催促下来到幼儿园。当着一些老师的面,她的第一句话就是:"看你把你儿子教育的,反了天了!""这么点儿的孩子都管不好,你也太无能了吧!这还用我教你吗?……"她训人的时候,神态颇为自豪,总是趾高气扬、盛气凌人的样子,我心里对她已反感至极。要不是我儿子在她的手底下,我非要和她好好理论一番不可。

问题：
（1）从教师职业道德的角度，分析材料中教师行为存在的主要问题和危害。（8分）

（2）教师应怎样处理与家长的关系？（6分）

32. 材料：

落花枝头

初到江南，就碰上了梅雨季节。一夜枕上听雨，辗转不能成寐，清晨推窗望去，雨却停了。天顶上，浓云尚未散开，低低压着房檐；空中还飘浮着若有若无的雨丝；天地间弥漫着一层湿漉漉、静悄悄的青黛色雾霭。院子中，一丝绿树被染得浓荫如墨。朦胧的墨绿中，清晰地闪着点点火红的花朵，宛如一阕厚重、平和的弦乐声中，跳出一管清脆、欢跃的笛音，给这雨后空朗的清晨增添了不少生气。

咦，已是春花红褪的初夏，为什么花开得这般热烈？

循着被雨中润白的碎石小路走去，我猛地记起了杨万里的《初夏即事十二解》诗："却是石榴知立夏，年年此日一花开。"近前一看，果然是石榴花。这是四株石榴树，分列在窄窄的甬道两侧，枝丫交错，搭起了一座花红叶绿的天然门楼。树只有一人高，花却开得十分繁茂。低头钻进树丛，真像是上元之夜徜徉于灯市之中，前后左右，俯仰四顾，都是火苗一样燃烧着的石榴花。

早就听说石榴树是边开花边结果，花与子并生枝头，十分壮观。如今看去，果真如此。这满树密密层层的花果，真像是一个姊妹比肩的大家庭，在从花到果的生长过程中，呈现出变化微妙的千姿百态——有的蓓蕾婷立，含苞待放；有的半开半合，微露金蕊；有的翩然怒放，喷红流彩；

有的花瓣已落,子实新萌;也有花萼圆鼓鼓地胀起,果实已初具规模,挺在枝头随风摇曳。

啊,这些正在开放的花朵、正在成熟的果实,多像一群天真烂漫、无忧无虑的孩子。可是,一阵微风吹过,我感到点点水珠洒落下来。这是花儿果儿们的泪水吗?水珠洒落地上,地上是一片落花的世界。是了,花果洒泪是在向落花依依惜别,是在感激花落的深情。落花静静地躺在大地的怀抱,那么坦然,那么安宁,火红的花瓣在雨水中浸得发胀,将黑黑的泥土染成一片绯色。我第一次注意到落花景象是这般壮丽,一种内在的美好情操震颤着我的心。"落红不是无情物,化作春泥更护花",龚定庵的心和落花可谓相通。人常说:开花结果。殊不知,花落了,果实才能成熟。据说有一种火石榴树,开起花来复瓣繁英,十分好看,却是从来不结果的。从这个意义上来说,落花正是新生的标志,实在值得大书特书。

然而,千百年来,关于落花的诗却多是伤感的、哀婉的。黑暗的时代,狂暴的风雨常令未果之花备受挫磨而夭谢,于是,"流水落花春去也""无可奈何花落去"……就成了千古名句。它们的作者,或是伤春怨女,红颜薄命,或是落魄文人,怀才不遇,只好将花喻己,抒解愁肠。君不见,《红楼梦》中"埋香冢飞燕泣残红",黛玉小姐的一首葬花词,哭痴了多少人的心。对于摧残人才、践踏新生的社会,这是一个曲折的控诉和抗争。今天,这样的时代应该是过去了。细微的簌簌声打断了我的遐想,又是几片飞红飘落下来。"落花辞树虽无语,别倩黄鹂告诉春"。多情的落花委托黄鹂向春天嘱咐什么呢?请明年再向枝头上看吧,那满树的繁花硕果就是答案。

(选自谢大光《落花枝头》)

问题:

(1) 文中的"未果之花"从字面看是什么意思?在本段中应如何理解?(3分)

(2) 第3、4自然段中,作者浓墨重彩地描写了石榴树花果满枝的景象,而标题却是"落花枝头",作者这样写有什么用意?(5分)

（3）文章的第5自然段是作者对"落花"的礼赞，"落花"究竟有哪些品格值得作者礼赞？请分条概括。（6分）

三、写作题（本大题1小题，50分）

33. 阅读下面的材料，根据要求写一篇文章。

他是角奎镇云落小学的一名代课老师，云南彝良地震发生后，他用双手刨出被埋的7名学生，其中4人存活，3人离世。他哽咽着说心里真不是滋味，泪水夺眶而出。发生地震时他教龄仅两天。此前这里没有老师愿意继续教学——每月500元薪酬无法养家。

这让我们不由自主地想起了四川汶川地震时候的"范跑跑"。虽然教师队伍里出了"范跑跑"这样在危难关头不管学生安危、只顾自己性命的"异类"，但我们却一直不缺少类似朱银全这样能在第一时间想到学生的好教师。就是同在汶川地震当中，我们还有为救孩子牺牲的谭千秋、袁文婷这些好老师；在车祸瞬间推开学生、自己因而失去双腿的"最美女教师"张丽莉，也让我们赞颂不已。

根据上述材料，请你以"教师的责任"为主题用规范的现代汉语写一篇议论文。

要求：

（1）题目自拟，字数不得少于800字；（2）观点明确，分析具体；（3）条理清楚，语言流畅；（4）论据充分，方法得当。

综合素质(幼儿园)
全真模拟与预测试题 5

注意事项：

考试时间为120分钟，满分150分。

一、单项选择题(本大题共29小题,每小题2分,共58分)

1. 教师在向小班幼儿描述常规事项时应避免使用否定性的语句,这是由于( )。
   A. 按规定不能用否定句
   B. 小班幼儿年龄小,语言理解能力弱
   C. 小班幼儿喜欢正面的语句
   D. 容易造成幼儿的逆反心理

2. "柴也愚,参也鲁,师也辟,由也喭。"这要求教育活动的开展须坚持( )。
   A. 循序渐进   B. 因材施教
   C. 启发教学   D. 小组教学

3. 李老师在保育教育活动中遇到困难与问题时,一般都会根据大学里所学的原则和规范去处理,这样做缺乏灵活性,实际效果往往不佳。根据伯林纳的观点,李老师的专业发展处于( )。
   A. 新手阶段   B. 熟练阶段
   C. 胜任阶段   D. 专家阶段

4. 对于入园初期适应困难的孩子,幼儿园教师可以( )。
   A. 要求幼儿严守幼儿园一日生活制度,按时入园离园
   B. 允许他们上半天,如中午饭后由家长接回,再逐渐延长在园时间
   C. 多批评爱哭闹的孩子,告诉他们幼儿园很有趣
   D. 通知家长接回孩子,等大一些再上幼儿园

5. 随着时代的进步,新型的、民主的家庭气氛和父母子女关系正在形成,但随着孩子的自我意识逐渐增强,很多孩子对父母的教诲听不进去或将其当成"耳边风",家长感到家庭教育力不从心。教师应该( )。
   A. 放弃对家长配合自己工作的期望
   B. 督促家长,让家长成为自己的"助教"
   C. 尊重家长,树立家长的威信,从而一起做好教育工作
   D. 代替家长教育孩子

6. 在我国首先提出"以美育代宗教"的教育家是( )。
   A. 孔子   B. 孟子
   C. 王国维   D. 蔡元培

7. 云南发生了地震,县教育局要求全县教师捐款。某镇幼儿园积极响应,并在发工资之前,从每位教师的工资中扣除了相应的款数。对此,下列说法错误的是( )。
   A. 园长办事积极果断,工作能力强
   B. 侵犯了教职工的获取劳动报酬权
   C. 违反了国家要求的不得对学校和教师乱摊派的规定
   D. 侵犯了教职工的个人财产自主权

8. 幼儿园教师的专业理念与师德包括职业理解与认识以及( )。
   ①专业意识与专业成长　　　　　②对幼儿的态度与行为
   ③幼儿保育与教育的态度与行为　　④个人修养与行为
   A. ①③④
   B. ①②④
   C. ①②③
   D. ②③④

9. 在明明入园初期,家长由于疏忽忘记将明明不能做剧烈运动的情况告诉教师。后来,幼儿园教师在组织游戏活动时,明明体力不支晕倒并摔伤头部。幼儿园应( )。
   A. 负全部责任
   B. 负连带责任
   C. 负部分责任
   D. 免除责任

10. 《国家中长期教育改革和发展规划纲要(2010—2020年)》提出,要提高国家财政性教育经费支出占国内生产总值比例,明确2012年要达到( )。
    A. 4%　　　B. 5‰　　　C. 5%　　　D. 6%

11. 联合国《儿童权利公约》是一个保护少年儿童权益的国际性公约。以下属于该公约规定的儿童权利的有( )。
    ①获得社会保障的权利　　②表达自己想法的权利　　③玩的权利
    ④发表意见的权利　　　　⑤了解别人隐私的权利
    A. ①③④⑤
    B. ①②④⑤
    C. ②③④⑤
    D. ①②③④

12. "其身正,不令而行;其身不正,虽令不从。"说明教师要( )。
    A. 廉洁从教
    B. 终身学习
    C. 为人师表
    D. 教书育人

13. 刘老师家里上有老,下有小,爱人身体不好需要休养。于是刘老师用假名在培训机构上课,挣钱补贴生活。这种行为( )。
    A. 不可以,有违教师职业道德
    B. 可以,在下班时间可以做任何事
    C. 可以,受培训机构聘任是合法的
    D. 不可以,可能影响正常的保教活动

14. "智如泉源,行可以为仪表者,人之师也。"这要求教师( )。
    A. 不仅要提高道德认识,而且要加强道德实践
    B. 不仅要有从教的学识能力,还要求以身作则
    C. 不仅要有丰富的学识,还要注意能力的提升
    D. 不仅要有专业知识,还要有宽大的人文情怀

15. 根据《中小学班主任工作条例》的规定,班主任的基本工作量的计算方法是按当地教师标准课时工作量的( )。
    A. 一半计入
    B. 一倍计入
    C. 二倍计入
    D. 三倍计入

16. 王老师在幼儿园工作多年,她一直认真履行本职工作,乐于承担各项保育教育任务,认真制订保教计划,精心备课,组织多种多样的小组活动。这说明王老师( )。
    A. 爱岗敬业,乐于奉献
    B. 为人师表,文明廉洁

C. 教书育人,因材施教 D. 关爱幼儿,家园共育

17. 陈老师喜欢孩子,是小朋友们的知心姐姐。她为人热情,深受家长的喜爱。因此,经常会有小朋友和家长给她送些礼物。面对这种情况,陈老师的正确选择是(   )。
   A. 教师节时可以接受 B. 幼儿自己做的可以收
   C. 不能在公共场所收 D. 任何礼物都不能收

18. 一位新入园的儿童问教师:"我想回家,我害怕。"这时,老师最恰当的回答是(   )。
   A. 不要害怕
   B. 你现在很想家吗?别怕,你妈妈4点半就会来接你
   C. 你妈妈很快就来接你了,放心啦,宝贝
   D. 有什么可怕的,胆小鬼

19. 对小班幼儿进行常规教育时,下列选项中最恰当的是(   )。
   A. 请注意不要错拿别人的毛巾
   B. 请拿自己的毛巾,上面绣着你的名字
   C. 乱拿别人的毛巾,老师会批评的
   D. 拿别人的毛巾,其他小朋友会不高兴的

20. "你走你的阳关道,我过我的独木桥"。这里的"阳关道"原指通往(   )。
   A. 西域之路 B. 东海之路 C. 南国之路 D. 中原之路

21. 爱因斯坦说:"学校的目标始终应当是:青年人在离开学校时,是作为一个和谐的人,而不是作为一个专家。"这句话说明(   )。
   A. 学校要努力培养具有丰富专业知识的学生
   B. 君子不器
   C. 学校教育应以实现社会的和谐为目标
   D. 学校不用培养太多的专家

22. 下列不属于乐府诗代表作的是(   )。
   A.《短歌行》 B.《蒿里行》 C.《木兰诗》 D.《七月》

23. 号称"舞中之王"的舞蹈是(   )。
   A. 意大利芭蕾 B. 俄罗斯芭蕾
   C. 巴西桑巴 D. 阿根廷探戈

24. 美国迪士尼公司专门为3—8岁的幼儿编写的一套启蒙性百科全书是(   )。
   A.《我的第一套百科全书》 B.《简单的科学》
   C.《亲亲自然》 D.《你好!科学》

25. 中国内地第一份婴幼儿科普教育期刊是(   )。
   A.《简单的科学》 B.《亲亲自然》
   C.《你好!科学》 D.《小聪仔》

26. 被誉为"东方的莎士比亚"的人是(   )。
   A. 关汉卿 B. 王实甫 C. 郑光祖 D. 汤显祖

27. 下列艺术家与作品搭配错误的是(   )。
   A. 狄更斯—《双城记》 B. 欧·亨利—《麦琪的礼物》
   C. 杰克·伦敦—《野性的呼唤》 D. 福楼拜—《红与黑》

28. 大气层中最主要的成分是( )。
    A. 氧气　　　　B. 二氧化碳　　　　C. 氮气　　　　D. 稀有气体

29. 常见的阿司匹林是一种( ),它产自( )。
    A. 消炎止痛药;美国
    B. 消炎镇痛药;法国
    C. 解热止痛药;美国
    D. 解热镇痛药;德国

二、材料分析题(本大题共3小题,每小题14分,共42分)

阅读材料,并回答问题。

30. **材料:**

　　A幼儿与B幼儿平时在幼儿园里是一对好朋友,经常一起玩游戏,有时也会因一些小事而发生争执。这一天,他们为了一件玩具吵了起来。争吵之中,A幼儿在B幼儿的腿上抓了一道伤痕,B幼儿也不甘示弱地抓伤了A幼儿。由于幼儿并没有向老师报告这件事,老师完全不知情,直到双方家长来接孩子时才发现各自孩子身上的伤痕,于是双方家长就争吵了起来。老师则认为孩子已经交到家长手中,幼儿又不曾向她报告,故将自己置身事外,并没有对这件事进行调查和劝架的疏导工作,导致双方家长越吵越激烈,谁也不肯让谁。A幼儿的家长甚至还恐吓B幼儿的家长说:"如果我的孩子有什么问题,你的孩子也别想快活!"结果,B幼儿的家长就因为这句话感到既害怕又担心而报了警。

　　问题:

　　试从教师职业理念的角度评析上述材料中教师的行为。(14分)

31. 材料:
某日,某幼儿园某班在上音乐课,程老师在弹钢琴时,丁丁一直在说话。程老师开始"警告"丁丁:"在课堂上不要讲话了,如果再讲话,就用胶带把你的嘴巴封起来。"但丁丁没有听老师的话,又开始自言自语。这回,程老师火了,立刻站起来,走到丁丁跟前,掏出一段封箱胶带贴在了他的嘴上,继而跟他说:"不想上音乐课,就别唱了。"在场的所有孩子一下子哄堂大笑,而此刻的丁丁却泪流满面,痛哭不已。程老师没有理会,继续上课。就这样,丁丁被封住嘴巴,在同伴们的笑声中哭到了下课。

问题:
程老师的做法对吗?请从教师职业道德角度对程老师的做法进行分析。(14分)

32. 材料:
曾经有很长的一段时间,我孤零零一个人住在一个很深的大院子里。从外面走进去,越走越静,自己的脚步声越听越清楚,仿佛从闹市走向深山。<u>等到脚步声成为空谷足音的时候,我住的地方就到了。</u>

院子不小,都是方砖铺地,三面有走廊。天井里遮满了树枝,走到下面,浓荫迎地,清凉蔽体。从房子的气势来看,依稀可见当年的富贵气象。等到我住进去的时候,富贵气象早已成为陈迹,但是阴森凄苦的气氛却是原封未动。再加上走廊上陈列的那一些汉代的石棺石椁、古代的刻着篆字和隶字的石碑,我一走回这院子里,就仿佛进入古墓。这样的气氛同我当时的心情是相适应的,我一向又不相信有什么鬼神,所以我住在这里,也还处之泰然。

我是不是也有孤寂之感呢?应该说是有的。当时正是"万家墨面没蒿莱"的时代,北平城一片黑暗。白天在学校里的时候,同青年同学在一起,从他们那蓬蓬勃勃的斗争意志和生命活力里,还可以吸取一些力量和快乐,精神十分振奋。但是,一到晚上,当我孤零零一个人走回这个所谓家的时候,我仿佛遗世而独立。没有人声,没有电灯,没有一点活气。寂寞像毒蛇似的偷偷地袭来,折磨着我,使我无所逃于天地之间。有一天,在傍晚的时候,我从外面一走进那个院子,蓦地闻到一股似浓似淡的香气。我抬头一看,原来是遮满院子的马缨花开花了。我站在树下,仰头观望:细碎的叶子密密地搭成了一座天棚,天棚上面是一层粉红色的细丝般的花瓣,远处望去,就像是绿云层上浮上一团团的红雾。香气就是从这一片绿云里洒下来的,洒满了整个院子,洒满了我的全身。花开也是常有的事,开花有香气更是司空见惯。但是,在这样一个时候,这样一个地方,有这样的花,但是,在这样的时候和地方,有这样的香,我就觉得很不寻常,甚至有感激的心情了。从此,我就爱上了马缨花,把它当成了自己的知心朋友。可惜不久我就搬出了那个院子,同那些可爱的马缨花告别了。

时间也过得真快,才一转眼的工夫,已经过去了十三年。这十三年里,我看了、学习了很多新东西,走了很多新地方,当然也看了很多美妙动人的奇花异草。然而使我深深地怀念的却仍然是那些平凡的马缨花。我是多么想见到它们呀!

最近几年来,北京的马缨花似乎多起来了。公园里,马路旁边,都可以看到新栽种的马缨花,绿云红雾飘满了北京,给首都增添了绚丽与芬芳。我十分高兴,仿佛是见了久别重逢的老友。但是,我却隐隐约约地感觉到,这些马缨花同我记忆中的那些很不相同。它们不同之处究竟何在呢?我最初确实是有些困惑。后来,我扩大了我回忆的范围,把当时所有同我有关的事物都包括在里面。不管我是怎样喜欢院子里那些马缨花,回忆的范围一扩大,同它们联系在一起的不是黄昏,就是夜雨,否则就是迷离凄苦的梦境。我好像是在那些可爱的马缨花下面从来没有见到哪怕是一点点阳光。

然而,今天的马缨花,却仿佛总是在光天化日之下。<u>即使是在黄昏时候,在深夜里,我看到它们,它们也仿佛是生气勃勃,同浴在阳光里一样。</u>它们仿佛想同灯光竞赛,同明月争辉。同我记忆里那些马缨花比起来,一个是照相的底片,一个是洗好的照片;一个是影,一个是光。影中的马缨花也许是值得留恋的,但是光中的马缨花不是更可爱吗?

我从此就爱上了这光中的马缨花,我也爱藏在我心中的这一个光与影的对比。

我愿意马缨花永远在这光中含笑怒放。

(选自季羡林《马缨花》)

问题:
(1)请解释画线句子在文中的含义。(6分)

(2)文中所说的"光与影的对比"具体指什么？文章写马缨花有什么寓意？（8分）

三、写作题（本大题1小题，50分）

33. 阅读下面的材料，根据要求写一篇文章。

材料1：

波波非常喜欢吃橘子，一天波波趁妈妈不注意，偷偷地将一篮橘子全部吃光。结果由于吃得太多，波波出现了呕吐症状，一直吐橘子瓣。波波的幼儿园老师李老师与波波家是邻居，她知道这件事情后，在第二天的课堂上，为了警醒其他幼儿，当着波波的面将波波吐橘子瓣的事情说得绘声绘色，引得同学们一直哈哈大笑，而波波只得低着头被老师和同学们嘲笑。从此以后同学们给波波起了个"橘子瓣"的外号。

材料2：

上幼儿园中班的小宇上课期间尿了裤子。刘老师发现后，对正在嘲笑小宇的其他幼儿说："小宇可能是上课听得太认真了，忘记了告诉老师要上厕所，我们以后可以向小宇学习他认真听课的好习惯。当然，我们在认真听课的同时，能记住自己还要上厕所，那就更好了。"

根据上述材料，请你以"我心目中的好老师"为主题用规范的现代汉语写一篇议论文。

要求：

（1）题目自拟，字数不得少于800字；（2）观点明确，分析具体；（3）条理清楚，语言流畅；（4）论据充分，方法得当。

综合素质(幼儿园)
全真模拟与预测试题 6

注意事项:

考试时间为120分钟,满分150分。

一、单项选择题(本大题共29小题,每小题2分,共58分)

1. 小强平时说话嗓门很大,但在回答老师的问题时声音却很低,老师批评说:"声音这么小,难道你是蚊子吗?"话音刚落,全班哄堂大笑,该老师的做法(　　)。
   A. 合理,有助于促进幼儿自主学习
   B. 合理,有助于激发幼儿主动反思
   C. 不合理,没有体现对幼儿的尊重
   D. 不合理,歧视幼儿的生理缺陷

2. 老师组织集体游戏时,发现嘉嘉独自一人专注地看着落在地上的小水珠,老师走过去对嘉嘉说:"还是先跟大家一起玩吧,游戏后再观察,然后把你看到的告诉老师和小朋友,好吗?"该教师的做法(　　)。
   A. 保护了幼儿自主探索的兴趣
   B. 保护了幼儿自主游戏的活动目标
   C. 忽视了幼儿仔细观察的需求
   D. 培养了幼儿的动手能力

3. 某幼儿园经常组织老师们相互观摩保教活动,针对活动过程展开研讨,提出完善活动的建议。这种做法体现的教师专业发展途径是(　　)。
   A. 进修培训　　B. 同伴互助　　C. 师徒结对　　D. 自我研修

4. 焦老师积极参与各种教师培训活动,返园后主动与同事们交流学习的心得体会,并将其运用于保教实践。关于焦老师的做法,下列说法不正确的是(　　)。
   A. 体现了终身学习的自觉性　　B. 有利于幼师的共同发展
   C. 推动了幼儿园的园本教研　　D. 有利于增进家园合作

5. 某县教育局长马某挪用教育经费,建造教育局办公大楼。对于马某,应当依法(　　)。
   A. 给予行政处分　　B. 给予行政拘留
   C. 责令其限期悔过　　D. 责令其赔礼道歉

6. 某幼儿园为增强家园协作,决定设立家长委员会协助开展工作。根据《幼儿园工作规程》的规定,家长委员会的任务之一是(　　)。
   A. 负责与社会的联系和合作　　B. 组织交流家庭教育经验
   C. 管理园舍、设备和经费　　D. 监督指导幼儿园管理工作

7. 小学生李某多次违反学校管理制度。对于李某,学校可以采取的管教方式是(　　)。
   A. 强制劝退　　B. 批评教育
   C. 开除学籍　　D. 收容教育

8. 因为父母双亡,5岁的亮亮成了孤儿。根据我国《未成年人保护法》,应对其实行收留抚养责任的主体是(　　)。
   A. 教育行政部门　　B. 幼儿教育机构
   C. 儿童福利机构　　D. 社区居民委员会

9. 校外人员孔某趁幼儿园门卫疏忽之际,骑摩托车闯入幼儿园,将幼儿刘某撞伤。对刘某所受的伤害,应当承担主要责任的是( )。
   A. 孔某　　　　B. 门卫　　　　C. 幼儿园　　　　D. 刘某的监护人

10. 《国家中长期教育改革和发展规划纲要(2010—2020年)》提出,要将减轻中小学生课业负担作为教育工作的重要任务。为切实减轻学生课业负担,各级政府可以采取的措施是( )。
    A. 减少学生课外及校外活动　　　　B. 加强教辅市场管理,取缔补习机构
    C. 调整教材内容,科学设计课程难度　　　　D. 依据升学率对地区和学校进行排名

11. 某幼儿园在其教学计划中大量增加小学一年级的课程内容,该幼儿园的做法( )。
    A. 正确,有利于幼儿园和小学的衔接　　　　B. 错误,背离了幼儿教育的基本目标
    C. 正确,有利于提高儿童认知发展水平　　　　D. 错误,只能适量增加小学教育的内容

12. 下列选项中,不属于联合国《儿童权利公约》中确认和保护的儿童权利的是( )。
    A. 宗教信仰和自由的权利　　　　B. 获得社会保障的权利
    C. 自由发表言论的权利　　　　D. 选举和被选举的权利

13. 宋老师发现很多幼儿的生活习惯不好,就创编了一些关于习惯培养的儿歌。这些儿歌很受幼儿欢迎,对他们的习惯养成产生了积极作用。宋老师的做法体现的师德规范是( )。
    A. 廉洁从教　　　　B. 公正待生　　　　C. 举止文明　　　　D. 探索创新

14. 王老师在教室里贴了一个"坏孩子"榜,那些爱讲话、爱打闹的小朋友都榜上有名,王老师的做法( )。
    A. 合理,有助于维护教师权威　　　　B. 合理,体现了对幼儿的严格要求
    C. 不合理,没有认真备课上课　　　　D. 不合理,没有尊重幼儿人格

15. 晓光很有舞蹈天赋,小小年纪已经参加过很多大型比赛,但他不愿参加幼儿园组织的科学活动。方老师劝说道:"老师很喜欢会跳舞的晓光,可是如果你在其他方面很能干的话,大家会更加喜欢你。"方老师的做法( )。
    A. 不合理,不利于幼儿发展特长
    B. 不合理,不尊重幼儿的兴趣爱好
    C. 合理,教师应该关注幼儿的全面发展
    D. 合理,幼儿必须在各个学习领域平均发展

16. 面对捣乱的幼儿,个别老师采取体罚的办法。叶老师没有这样做,而是耐心地与幼儿交流,帮助他们改正缺点,这说明叶老师能够做到( )。
    A. 依法执教　　　　B. 团结协作　　　　C. 尊重同事　　　　D. 终身学习

17. "种痘术"对消灭天花起到了决定性作用,它最早出现在( )。
    A. 英国　　　　B. 法国　　　　C. 中国　　　　D. 印度

18. 下列关于医学知识的说法,不正确的是( )。
    A. 砒霜在中医里是可以入药的
    B. 放疗要使用放射线进行照射
    C. 肝脏的功能之一是分解排除血液中的毒素
    D. 针灸中的"灸"是指用针扎刺人体的穴位

19. 第一次世界大战的起始时间是(　　)。
    A. 1840 年　　　　B. 1914 年　　　　C. 1937 年　　　　D. 1945 年
20. 下列古典小说中的人物与故事,对应不正确的是(　　)。
    A. 贾宝玉—怒摔通灵宝玉　　　　　　B. 诸葛亮—巧设空城计
    C. 鲁智深—醉打蒋门神　　　　　　　D. 孙悟空—三借芭蕉扇
21. 下列关于《离骚》的表述,不正确的是(　　)。
    A. 战国诗人屈原的代表作　　　　　　B. 我国古代最长的爱情诗
    C. 运用了"香草美人"的比兴手法　　　D. 具有积极的浪漫主义精神
22. 下列选项中,被后世尊为我国农耕和医药始祖的是(　　)。
    A. 神农氏　　　　B. 伏羲氏　　　　C. 燧人氏　　　　D. 有巢氏
23. "鸿雁传书"这一典故源自(　　)。
    A. 文姬归汉　　　B. 霸王别姬　　　C. 苏武牧羊　　　D. 楚汉相争
24. 下图所示的"自述贴"被誉为"天下第一草书",它的作者是(　　)。

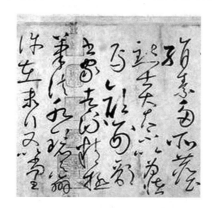

    A. 王羲之　　　　B. 欧阳询　　　　C. 苏轼　　　　　D. 怀素
25. 下列人物中,既是诗人又是画家的是(　　)。
    A. 李白　　　　　B. 王维　　　　　C. 白居易　　　　D. 李商隐
26. 下图是 Word 软件所制作文档的一部分,其中剪贴画"青蛙"的文字环绕方式是(　　)。

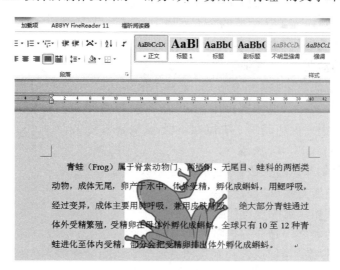

A. 四周型环绕
B. 浮于文字上方
C. 紧密型环绕
D. 衬于文字下方

27. 在PowerPoint软件的空白幻灯片中,不可以直接插入的是( )。
    A. 艺术字
    B. 声音
    C. 字符
    D. 文本框

28. 下列选项中,与"青岛—珠海"逻辑关系相同的是( )。
    A. 新疆—边疆
    B. 大象—老鼠
    C. 植物—水仙
    D. 西瓜—水果

29. 小王、小赵和小李的艺术专长分别为小提琴、二胡和古筝。已知:小王比小赵年龄大,小李比弹古筝的年龄小,拉小提琴的年龄最大。根据上述条件,可以确定的是( )。
    A. 小王拉小提琴,小赵弹古筝,小李拉二胡
    B. 小王拉二胡,小赵拉小提琴,小李弹古筝
    C. 小王拉小提琴,小赵拉二胡,小李弹古筝
    D. 小王弹古筝,小赵拉小提琴,小李拉二胡

二、材料分析题(本大题共3小题,每小题14分,共42分)

阅读材料,并回答问题。

30. **材料:**

一周长假结束后,楠楠一进教室,就马上走到自然角去探望小金鱼和蝌蚪。

"小金鱼没有了!"楠楠大叫起来。

邓老师很吃惊地走过去看,以前游来游去的小金鱼不见了,只剩下两个小鱼头沉在缸底的水草下,几只蝌蚪竟然正在啃鱼头。

蝌蚪吃金鱼的事立刻引起了孩子们的注意。早餐结束后,邓老师决定利用这次机会,组织孩子们讨论小金鱼的死因。

孩子们分小组进行了热烈讨论,他们列出了几种可能的原因:

(1)天气闷热致死。因为放假期间,天气一直有些闷热。

(2)水污染致死。因为涵涵曾经将肥皂泡吹到鱼缸里,大家觉得水污染可能会导致金鱼死亡。

(3)金鱼吃得太饱,胀死了。因为小杰家的金鱼就是这样死的。

(4)金鱼是饿死的。因为放假期间没人给金鱼喂食,它们就饿死了。

……

邓老师继续组织幼儿讨论怎样的喂养方式是正确的,大家纷纷发表意见。

随后,邓老师指导孩子们把金鱼的尸体从鱼缸里捞出来。有的孩子还提出要把金鱼埋葬到

草丛里,邓老师答应了,给孩子们借来铲子。孩子们很认真地把他们心爱的金鱼埋好。

问题:
请从儿童观的角度,评析邓老师的保育教育行为。(14分)

31. **材料:**

徐老师的班上新来了一个男孩。他不爱说话,更没有笑声。徐老师问他叫什么名字,他只会摇头。通过和家长交谈,徐老师知道这个名叫晓天的孩子从小失去母亲,爸爸忙于生计也无暇顾及他,导致他性格孤僻,语言表达能力很差,动作发育迟缓。

了解到晓天的身世后,徐老师更加关心晓天。徐老师在教室里为他专门准备了开发智力的玩具;此外,徐老师还亲手为他编织毛衣,而且经常亲切地跟晓天说话,教他练习发音,以提高其语言表达能力。徐老师还利用图片和图书为他讲故事,以提高其理解能力;跟他一起堆积木、折纸,以提高其动手能力。徐老师还指导晓天的爸爸在家里如何对孩子进行早期智力训练。

时间一天天过去,渐渐地,晓天开始与人进行简单的交谈,脸上也常挂着微笑。

问题:
请从教师职业道德的角度,评价徐老师的保育教育行为。(14分)

32. 材料:

每年夏天,被冰层覆盖的格陵兰岛大部分地区几乎整日被阳光照射。在很多冰盖上,特别是那些低海拔地区,融冰沿着冰盖表面流动,并聚集成深蓝色的池塘或湖泊。不同于我们能够畅游其中的湖泊,这些水体能够在极短时间就消失不见。例如一个比全球最大的室内体育场——新奥尔良超级穹顶体育场大上十几倍的湖泊,能够仅仅在90分钟内就从冰缝中排干所有的水。

研究者们已经分散到格陵兰岛各地,从细节上调查这些湖泊会怎么影响冰盖及未来海面。伍兹霍尔海洋研究所的地球物理学家萨拉·达斯说,最近的实地考察研究表明,研究者已经知道,当湖泊突然排空时,融冰会被送往基岩,暂时性地对冰盖向海洋迁移起到润滑作用。科学家们担心,如果这个区域的气候持续变暖,那么湖泊突然排空的现象可能经常发生,并在更大范围的冰盖上出现。那样可能会加速冰盖的崩解,从而导致海平面上升。

纽约城市大学的冰川学家马德·德斯科认为,冰盖上的湖泊也会加速冰盖融化:湖泊下的冰融化速度比湖泊周围暴露在地面的冰快两倍。今年夏天,德斯科使用一艘远程遥控船只,通过实际测量来揭示湖泊的颜色深浅是否与它的深度有关——这些数据可以帮助研究人员更好地估计卫星图像中地表湖泊的深度,以便更好地预测冰盖的融化速度。加利福尼亚大学洛杉矶分校的地理学家劳伦斯·C.史密斯正在将冰盖表面的融化速度同由融冰积聚而成的河流的流动速度进行比较,如果两者相差甚大,那么这种差距就表示,一部分融冰积聚在了冰盖下,这将提升冰流向大海的速度。

(选自希德·珀金斯《冰盖上的湖泊》)

问题:

(1)冰盖上的湖泊与普通湖泊的差别是什么?(4分)

(2)请根据材料中的描述,简要分析冰盖上的湖泊会产生的影响。(10分)

三、写作题(本大题1小题,50分)

33. 阅读下面的材料,根据要求写一篇文章。

当下,流行着这样一种观点:能力很重要,但有一样东西比能力更重要,那就是人品。人品,是一个人真正的最高"学历"。

要求:

请用规范的现代汉语写作,自定立意,自拟题目,自选文体,不少于800字。

综合素质(幼儿园)
全真模拟与预测试题 7

注意事项:

考试时间为120分钟,满分150分。

一、单项选择题(本大题共29小题,每小题2分,共58分)

1. 语言活动中,吴老师发现凯凯正在拔前面一个女孩外衣上的绒毛,此时吴老师恰当的做法是( )。
   A. 停止教学,点名批评
   B. 停止教学,当众罚站
   C. 继续教学,不予理睬
   D. 继续教学,微笑提醒

2. 为体现"幼儿为本"的教育理念,教师的以下做法中,不正确的是( )。
   A. 尊重幼儿的人格
   B. 为幼儿提供适合的教育
   C. 调动幼儿的主动性
   D. 让幼儿主动选择课程

3. 苏霍姆林斯基说:"只有集体和教师首先看到学生的优点,学生才能产生上进心。"这句话提示教师( )。
   A. 尊重和欣赏学生
   B. 对学生严慈相济
   C. 对学生因材施教
   D. 团结和关心学生

4. 幼儿素质教育的特点不包括( )。
   A. 基础性   B. 自主性   C. 强制性   D. 发展性

5. 5岁的杨某非常调皮,一次和同学打架后,幼儿园老师当着全班同学的面严厉地批评了他,并说:"杨某,如果你继续这样,早晚有一天会和你爸爸一样也进监狱。"这位幼儿园老师的做法( )。
   A. 合法,教师有批评教育幼儿的法定权利
   B. 合法,有利于幼儿改正不良的行为习惯
   C. 不合法,侵犯了杨某的隐私权
   D. 不合法,侵犯了杨某的名誉权

6. 根据《幼儿园工作规程》,幼儿园园长应具备( )。
   A. 幼儿师范学校毕业及其以上学历
   B. 幼儿师范学校毕业及大专以上学历
   C. 幼儿专业毕业及其以上学历
   D. 职业学校教育专业毕业及其以上学历

7. 某幼儿园将识字作为基本活动,该幼儿园的做法( )。
   A. 正确,有助于幼儿学习知识
   B. 正确,有助于提升教学质量
   C. 不正确,幼儿园不能组织教学活动
   D. 不正确,幼儿园应以游戏为基本活动

8. 教师赵某对幼儿园解聘自己的决定不服,可以向教育行政部门( )。
   A. 检举
   B. 揭发
   C. 提出诉讼
   D. 提出申诉

9. 教师和儿童是否能建立良好的关系,关键在于教师能否正确地看待儿童,即( )。
   A. 是否树立了正确的儿童观
   B. 是否树立了正确的知识观
   C. 是否树立了正确的教育观
   D. 是否树立了正确的师生观

10. 被誉为中国古典小说巅峰之作的长篇小说是（   ）。
    A.《三国演义》   B.《红楼梦》   C.《西游记》   D.《水浒传》

11. 某幼儿园大班的班主任老师,为了迎合家长的需求——提高幼儿的识字能力,安排幼儿在午休期间进行识字练习,同时还占用幼儿的户外活动课进行答疑。该老师的做法（   ）。
    A. 正确,活动课浪费了幼儿的学习时间
    B. 正确,迎合了家长的需求
    C. 错误,幼儿园要保证幼儿每天户外活动一小时
    D. 错误,幼儿园要保证幼儿每天户外运动两小时

12. 某幼儿园以提高办公效率、科学管理幼儿园为由,禁止教师在员工代表大会上发言,也禁止教师对幼儿园的管理、行政工作提出不同意见,该幼儿园的教师都觉得办公环境没有什么自由,很压抑。该幼儿园的做法（   ）。
    A. 正确,有利于科学管理幼儿园   B. 正确,有利于幼儿园的长远发展
    C. 不正确,侵犯了教师的合法权利   D. 不正确,不利于建立良好的师生关系

13. 某幼儿园的骨干教师张老师在年终的同行测评中得分不高,她很郁闷,之后,在幼儿园活动中,幼儿出一点差错她就大发雷霆。张老师应该（   ）。
    A. 严格待生,专注教学   B. 保持个性,坚持自我
    C. 注重反省,调适自我   D. 迎合同事,搞好关系

14. 某幼儿园拟派工作多年、任劳任怨的胡老师去外地参加理论研修班,胡老师对园长说:"年轻人喜欢玩,让她们去吧,而且照顾小孩子,都是些穿衣吃饭的琐事,耐心点就行,不需要太多的理论。"这表明胡老师（   ）。
    A. 关心年轻老师专业成长,甘为人梯   B. 不服从园里的安排
    C. 忽视自身的专业发展,盲目奉献   D. 积极参加园内管理,提出合理建议

15. 下列表述中,我国《未成年人保护法》不一致的是（   ）。
    A. 保护未成年人,主要是学校教师和家长共同的责任
    B. 学校应当尊重未成年学生受教育的权利,关心、爱护学生,对品行有缺点、学习有困难的学生,应当耐心教育、帮助,不得歧视,不得违反法律和国家规定开除未成年学生
    C. 教育与保护相结合是保护未成年人工作应遵循的基本原则
    D. 未成年人享有生存权、发展权、受保护权、参与权等权利,国家根据未成年人身心发展特点给予特殊、优先保护,保障未成年人的合法权益不受侵犯

16. 以下跟教师道德修养无关的是（   ）。
    A. 以身作则,反躬自省   B. 立志乐道,甘于奉献
    C. 不愤不启,不悱不发   D. 学而不厌,诲人不倦

17. 蒲松龄作为一名家喻户晓的文学家,屡次遭遇挫折。他在铜镇尺上刻了一副对联:有志者,事竟成,破釜沉舟,百二秦关终属楚;苦心人,天不负,卧薪尝胆,三千越甲可吞吴。这副励志对联中描写的两位历史人物是（   ）。
    A. 韩信,勾践   B. 项羽,夫差   C. 项羽,勾践   D. 韩信,夫差

18. 拿破仑认为,他一生四十次战争胜利的光芒,被滑铁卢一战抹去了,但有一件功绩是永

垂不朽的。这里的"功绩"指的是（　　）。
A. 征服众多欧洲国家　　　　　B. 颁行《拿破仑法典》
C. 建立法兰西帝国　　　　　　D. 抵御外国的侵略

19. 文成公主入藏和亲嫁与松赞干布，这一历史事件发生的朝代是（　　）。
A. 汉朝　　　B. 元朝　　　C. 唐朝　　　D. 宋朝

20. 下列对古代科技著作的表述不正确的是（　　）。
A.《周髀算经》是数学专著　　　B.《农政全书》是农学专著
C.《黄帝内经》是中医学专著　　D.《齐民要术》是天文学专著

21. 找规律填数字是一个很有趣的活动，特别锻炼观察力和思考力。下列选项中填入数列"7、9、-1、5、＿＿＿"空缺处的数字，正确的是（　　）。
A. -1　　　B. 2　　　C. 4　　　D. -3

22. 我国海洋资源丰富，其中海盐产量居世界首位。我国主要盐场的形成条件为（　　）。
A. 受东南季风影响较大　　　　B. 滩涂平坦、蒸发旺盛
C. 纬度低、气温高　　　　　　D. 海水盐度较高

23. 我国古代对于不同的朋友关系有不同的称谓，下列选项中，用于情谊契合、亲如兄弟的朋友的称谓是（　　）。
A. 金兰之交　　B. 刎颈之交　　C. 竹马之交　　D. 忘年之交

24. 下列关于我国古代职业的称谓，对应不正确的是（　　）。
A. 戏曲界—梨园　　　　　　B. 冰人—媒人
C. 教育界—杏林　　　　　　D. 演艺人员—伶人

25. "梁山伯与祝英台"是我国著名的民间传说，多种地方剧中都表现过相关的题材。何占豪、陈钢的小提琴协奏曲《梁祝》的创作，所依据的地方剧种是（　　）。
A. 粤剧　　　B. 豫剧　　　C. 川剧　　　D. 越剧

26. 关于 Word 的多文档窗口操作，下列叙述不正确的是（　　）。
A. 文档窗口可以拆分为两个文档窗口
B. 分别显示文档的不同部分
C. 允许同时打开多个文档进行编辑，且每个文档有一个文档窗口
D. 多个文档窗口之间的内容，可以进行剪切、复制和粘贴等操作

27. 发现钟摆的等时性原理的科学家是（　　）。
A. 伽利略　　B. 牛顿　　C. 开普勒　　D. 胡克

28. 小张是环保志愿者组织"拯救地球"的成员，由于身患重病，不能到上海做世博会志愿者。而该组织其他成员都获得了上海世博会志愿者的资格。由此可以推出（　　）。
A. 上海世博会志愿者都是"拯救地球"的成员
B. 小张是"拯救地球"的成员，但未获得上海世博会志愿者资格
C. 如果有人是上海世博会志愿者，又是"拯救地球"的成员，他一定不是小张
D. 如果有人是"拯救地球"的成员，但不是上海世博会志愿者，他一定是小张

29. 有1号、2号、3号三个屋子，有一位公主藏在其中一个屋子里。三个屋子上各贴着一张纸条，上面的提示分别是：(1)公主在1号屋子中；(2)公主不在2号屋子中；(3)公

主不在 1 号屋子中。这三句话只有一句是真的。

根据以上条件,请判断公主藏在哪个屋子中?(　　)

A. 公主在 1 号屋子中　　　　　　B. 公主在 2 号屋子中

C. 公主在 3 号屋子中　　　　　　D. 无确切答案

二、材料分析题(本大题共 3 小题,每小题 14 分,共 42 分)

阅读材料,并回答问题。

30. 材料:

托班幼儿吃饭时普遍存在以下情况:不肯张嘴或不肯咀嚼吞咽。为解决这个问题,刘老师想了很多办法。一天中午吃饭时,刘老师端了一碗饭菜,边示范边夸张地说:"我是大老虎,嘴巴张得大,牙齿咬得快,一会饭菜吃光光!"她不断鼓励幼儿和她一样做一只"大老虎"。在进餐巡视时,刘老师一会儿对吃得快的幼儿说:"嗯,原来这里有一只大老虎,我喜欢你!"一会儿又走到另外一个宝宝身边说:"这只老虎吃得真香呀!"有时还在"大老虎"身上贴个贴纸……慢慢地,幼儿爱吃饭了,也会吃饭了,把饭含在嘴里的现象明显减少了。

刘老师还发现,每次吃饭璐璐还习惯用袖子擦嘴巴,所以吃完饭后,她的衣袖总是沾有很多菜汁。一天吃鸡腿,刘老师特意在璐璐的桌子上放了一条干净的小毛巾,让璐璐记得将沾满油腻的小手在毛巾上擦一擦,所以那天璐璐的衣袖很干净。从那以后,每到吃饭时刘老师总会给璐璐准备一条毛巾,璐璐养成了随时用毛巾擦拭嘴和手的习惯,衣袖总是干干净净的。

问题:

请结合材料,从教育观的角度分析刘老师的教育行为。(14 分)

31. 材料：

性格文静的馨馨午睡时总是睡不着。为解决这个问题，黄老师耐心地告诉她午睡的好处。黄老师还联系家长，请家长配合，让馨馨在家里早睡早起，以帮助她养成良好的午睡习惯，可总是收效不大。

经过观察，黄老师发现馨馨不好运动，到午睡时仍然精神饱满，不觉疲倦。于是，黄老师调整策略。首先，增加馨馨的运动量，例如，户外运动后引导她多跑几圈，跑完后发给她金牌；让她和运动量大的小朋友一起游戏、玩耍。其次，舒缓馨馨的情绪，午睡时不催她，还在耳边轻轻地说："没关系，如果睡不着就闭上眼睛躺一会儿吧！"等她睡着后，在她枕头下藏一朵小红花，等她醒来，给她一个惊喜……慢慢地，馨馨每天中午都能睡得很香了！

问题：

请从教师职业道德的角度，评析黄老师的教育行为。（14分）

32. **材料：**

音乐的作用并不止于创造悦耳的乐式，它还能表达感情。你可以津津有味地欣赏一首巴赫的序曲，好像观赏精美的波斯地毯一样，可是乐趣也只限于此。莫扎特则不然，听了他的《唐璜》前奏曲，你不可能不怀有一种复杂的心情。它充满了魔鬼式的欢乐，但又使你有一定的心理准备去迎接可怖的世界末日。听莫扎特的《天神交响乐》最后一章，你会觉得那是狂欢的音乐，响亮的鼓声如醉如狂，从头到尾交织着一种不寻常的悲伤之美。莫扎特的乐章又是乐式设计的杰作。

贝多芬所做的，是把音乐完全用作表现心情的手段，完全不把设计乐式本身作为目的。也正是这一点，使得某些与他同时代的伟人不得不把他当作一个疯人。不错，他一生非常保守地使用旧的乐式，但是他给它们注入惊人的活力和激情，包括产生于一定思想、信念的那种最高的激情，结果不仅打乱了旧乐式的对称，而且常常使人听不出在感情的风暴下竟还有什么乐式存在。他的《英雄交响乐》一开始使用了一个乐式（这是从莫扎特幼年的一个前奏曲里借来的），跟着又使用了另外几个漂亮的乐式。这些乐式被赋予了巨大的内在力量，所以到了乐章的中段，这些乐式就全被不客气地打散了。于是，在只追求乐式的音乐家看来，贝多芬是发了疯了。他这么做，只是因为他觉得非如此不可，而且还要求你也觉得非如此不可呢。

<u>这就是贝多芬之谜</u>。他有能力设计最好的乐式；他能写出使你终身受用不尽的乐式；他能挑出那些最枯燥无味的旋律，把它们展开得那样引人，使你听上一百次也每次都能发现新东西。一句话，你可以拿所有用来形容以乐式见长的作曲家的话来形容他，但是他的病症，也就是不同于别人之处，在于那激动人心的品质。他能使我们激动，用他那奔放的感情左右我们。一位法国作曲家听了贝多芬的音乐觉得不舒服，说："我爱听能使我入睡的音乐。"是的，贝多芬的音乐是使你清醒的音乐，而当你想独自一个人静一会儿的时候，你就怕听他的音乐。

懂了这个，你就从18世纪前进了一步，也从旧式的跳舞音乐前进了一步，不仅懂得贝多芬的音乐，而且也能懂得贝多芬以后最有深度的音乐了。

（节选自萧伯纳《贝多芬之谜》）

问题：

（1）"这就是贝多芬之谜"的"这"指的是什么？（4分）

（2）根据文意，举例说明从巴赫到莫扎特再到贝多芬在音乐创作上的发展变化。（10分）

三、写作题(本大题1小题,50分)

33. 阅读下面的材料,按要求作文。

著名教育家张伯苓十分注重对学生进行文明礼貌教育,并且身体力行,为人师表。一次,他发现有个学生手指被香烟熏黄了,便严肃地劝告那个学生:"烟对身体有害,要戒掉它。"没想到那个学生有些不服气,俏皮地说:"那您吸烟就对身体没有害处吗?"张伯苓面对学生的责难,歉意地笑了笑,立即叫工友将自己所有的烟取来,当众销毁,还打断了自己用了多年的心爱的烟袋杆,诚恳地说:"从此以后,我与诸同学共同戒烟。"果然,打那以后,他再也不吸烟了。

要求:

请用规范的现代汉语写作,自定立意,自拟题目,自选文体,不少于800字。

综合素质(幼儿园)
全真模拟与预测试题 8

注意事项：

考试时间为120分钟，满分150分。

一、单项选择题(本大题共29小题，每小题2分，共58分)

1. 为了培养幼儿的想象力，教师让幼儿画蝴蝶，下列做法恰当的是(　　)。
   A. 教师画好左半边蝴蝶，让幼儿模仿完成右半边
   B. 教师在黑板上逐笔示范，让幼儿跟着画
   C. 教师让幼儿先观察蝴蝶，然后让幼儿自己画
   D. 教师先画蝴蝶，然后让幼儿照着画

2. 在幼儿园阶段，下列不属于幼儿学习内容的是(　　)。
   A. 听故事
   B. 洗手如厕
   C. 与同伴一起游戏
   D. 学习10以上的加减法

3. 某县幼儿园教师程某通过了研究生入学考试，其所在幼儿园以程某服务期未满、幼儿园教师不足为由不予批准程某在职学习，程某欲以剥夺其参加进修权利为由提出申诉，受理申诉的机构应当是(　　)。
   A. 县教育局　　B. 省教育厅　　C. 地市教育局　　D. 县人民政府

4. 在教育教学活动中，对学生的不良行为视而不见、不管不问或对学生讽刺、挖苦、实施体罚或变相体罚，这都是明显的违反师德的行为，违反的是现行《中小学教师职业道德规范》中的(　　)。
   A. 关爱学生
   B. 为人师表
   C. 教书育人
   D. 爱岗敬业

5. 某幼儿园在郝老师休产假期间，没有发放其工资，该幼儿园的做法(　　)。
   A. 加强了经费管理
   B. 体现了按劳取酬
   C. 体现了幼儿园的自主办园的权利
   D. 侵犯了郝老师的权利

6. 某社区幼儿园资源比较紧缺，一家幼儿园为了营利，私自将班级人数扩编，将四五十个幼儿组成一个小班。这家幼儿园对家长宣称，为了让每一个孩子有幼儿园上才这样做的。该幼儿园的做法(　　)。
   A. 正确，幼儿园有决定自己幼儿园班级人数的权利
   B. 不正确，幼儿园小班的人数应控制在25人以内
   C. 正确，该幼儿园是为了让每一个幼儿有幼儿园上
   D. 不正确，幼儿园小班的人数应控制在30人以内

7. 孙某和张某共同创办了一家具有法人资格的幼儿园，由张某担任园长，该幼儿园的法人代表是(　　)。
   A. 张某　　B. 孙某　　C. 孙某和张某　　D. 教职工大会

8. 某幼儿园教师梁某因旷工被幼儿园处分,她对幼儿园给予的处分不服,向有关部门提出教育申诉,被申诉人应为( )。
   A. 园长　　　　B. 幼儿园　　　　C. 书记　　　　D. 教育行政部门

9. 我国实施素质教育的根本宗旨是( )。
   A. 提高个人素质　　　　B. 培养精英骨干
   C. 提高民族素质　　　　D. 培养有特长的人

10. 超现实主义艺术大师( )的作品被描述成一个充满儿童般"天趣"的世界。
    A. 杜尚　　　　B. 达利　　　　C. 蒙克　　　　D. 米罗

11. 在户外活动时间,幼儿朵朵偷偷溜出幼儿园。在公路上,她不小心被汽车撞倒在地,导致肋骨骨折。对朵朵受到的伤害,应承担赔偿责任的是( )。
    A. 幼儿园　　　　B. 汽车司机
    C. 朵朵的监护人　　　　D. 汽车司机和幼儿园

12. 在以下所罗列的基本原则中,( )原则不属于联合国大会通过的《儿童权利公约》的核心精神。
    A. 儿童最大利益原则　　　　B. 无歧视原则
    C. 尊重儿童观点与意见原则　　　　D. 儿童优先原则

13. 马老师在逛商场时偶遇班上一位小朋友和家长,便一同挑选衣服。付款时,这位家长坚持把马老师的500元钱一起付了,对此马老师的正确做法是( )。
    A. 数额不大,不必在意,但下不为例　　　　B. 表示谢意并坚持把钱还给家长
    C. 勉强接受并回送价值相当的礼物　　　　D. 表示感谢,并注意格外关照她的孩子

14. 每年王老师都会给自己制订读书计划,并严格执行。这体现了王老师注重( )。
    A. 团结协作　　　　B. 教学创新
    C. 终身学习　　　　D. 循循善诱

15. 下列选项中属于社会保护的内容的是( )。
    A. 尊重未成年学生的受教育权
    B. 加强安全管理
    C. 对未成年人的心理和思想活动进行积极引导
    D. 贯彻国家教育方针,促进学生全面发展

16. 从教师个体职业良心形成的角度看,教师的职业良心首先会受到( )的影响。
    A. 社会生活和群体　　　　B. 教育原则
    C. 教育法规　　　　D. 教育对象

17. 元朝疆域辽阔,元世祖为加强对全国的统治,采取了一系列措施。其中,元朝时建立的地方行政制度名称一直沿用至今。这一地方行政制度是( )。
    A. 郡县制　　　　B. 郡国制　　　　C. 行省制　　　　D. 分封制

18. 我国传统图案里以石榴象征( )。
    A. 多子　　　　B. 多梦　　　　C. 多寿　　　　D. 多财

19. 创制地动仪的中国古代科学家是( )。
    A. 祖冲之　　　　B. 宋应星　　　　C. 张衡　　　　D. 蔡伦

20. 下列作品中,不属于高尔基自传体三部曲的是(　　)。
    A.《童年》　　　B.《在人间》　　　C.《母亲》　　　D.《我的大学》

21. 文化的本性在于创造,其使命与一切墨守成规、刻板一致、千篇一律是不相容的,创造必然导致多样性。在文化领域,只有_____才会呈现出丰富多彩和生机勃勃的活力,而同质性、统一性必然窒息文化生命。填入画线部分最恰当的一项是(　　)。
    A. 推陈出新　　　B. 独树一帜　　　C. 别出心裁　　　D. 不拘一格

22. 京剧作为我国著名剧种,和中医、国画并称为中国三大国粹,下列说法中关于京剧的表述正确的是(　　)。
    A. 京剧当中的"净"指女性角色
    B. 人们习惯上称戏班、剧团为"杏园"
    C. "梅派"唱腔创始人是京剧艺术大师梅兰芳先生
    D. 《梁山伯与祝英台》是京剧经典曲目之一

23. 下列不属于茅盾的作品的是(　　)。
    A.《林家铺子》　　　B.《幻灭》　　　C.《子夜》　　　D.《原野》

24. 下列属于农学著作的是(　　)。
    A.《齐民要术》　　　B.《神农本草经》　　　C.《九章算术》　　　D.《山海经》

25. 杜甫《饮中八仙歌》诗句"脱帽露顶王公前,挥毫落纸如云烟"所描写的书法家是(　　)。
    A. 张旭　　　B. 怀素　　　C. 颜真卿　　　D. 柳公权

26. 在Word中,不能操作实现的是(　　)。
    A. 在页眉中插入日期　　　B. 建立奇偶页内容不同的页眉
    C. 在页眉中插入分页符　　　D. 在页眉中插入剪贴画

27. 小张同学以Word文档的形式写了一份新学期的学习计划,请指导老师发表对学习计划的看法和建议。指导老师最适宜使用的文字处理软件功能是(　　)。
    A. 自动更正　　　B. 批注
    C. 查找和替换　　　D. 拼写和语法检查

28. 从世界经济的发展历程来看,如果一个国家或地区的经济保持着稳定的增长速度,大多数商品和服务的价格必然随之上涨,只要这种涨幅始终在一个较小的区间内就不会对经济造成负面影响。由此可以推出,在一定时期内(　　)。
    A. 如果大多数商品价格上涨,说明该国经济正在稳定增长
    B. 如果经济发展水平下降,该国的大多数商品价格也会降低
    C. 如果大多数商品价格不上涨,说明该国经济没有保持稳定增长
    D. 如果大多数商品价格涨幅过大,对该经济必然有负面影响

29. 路边有四种不同的树排成一行,已知:松树与柏树相邻,杨树与柏树不相邻,杨树与梧桐树不相邻。由此可以推出,与梧桐树相邻的是(　　)。
    A. 可能是松树　　　B. 柏树
    C. 可能是杨树　　　D. 松树

二、材料分析题(本大题共3小题,每小题14分,共42分)

阅读材料,并回答问题。

30. 材料:

在搭建区,两名幼儿把插塑积木搭成一个宽长条,正无聊地玩着,过了一会儿,他们把积木放在另一块积木上,搭成了一条斜坡路,并拿着一辆无轮车在玩滑行(他们附近只有这辆车)。见他们已有滑行的意识,而且正在探索,王老师静静地走过去,拿了一个圆形的积木放在上面,积木滚下来了。幼儿一见,开口笑了。他们也找来类似的圆形物放在上面玩了起来。王老师站在旁边静静地待着没做什么解释。这两名幼儿玩得非常开心,吸引了旁边的幼儿参与,他们有的拿车子,有的拿轮子,有的拿圆柱形积木,有的拿花片,有的拿方积木……这时拿方积木的泽泽叫了起来:"老师,它是滑下来的。""对,请你们仔细观察:谁是滚下来的,谁是滑下来的。"后来,王老师又请小朋友搭了一条积木车道,让幼儿站在桌子两边,王老师手里拿着一个圆积木和一个方积木同时放在两条积木车道上,幼儿都说:"圆的滚下来,方的滑下来。""观察真仔细,请你们再去试试别的吧!"

问题:

请结合材料,从教育观的角度,评析王老师的教育行为。(14分)

31. 材料：

在幼儿园里，君君把牛奶洒了后不知所措，李老师见到后对君君说："你是不小心洒的对不对，没事，我们一起来擦干净吧。"于是李老师挽起袖子拿了抹布擦桌子，君君看到后也学着李老师的样子和李老师一起把桌子擦干净了。

下午，李老师带着孩子们去植物园活动，孩子们对睡莲产生了兴趣，并提议摘几片带回幼儿园。李老师看到后对孩子们说："植物园里面的植物是供大家观赏的，不能随意摘取。"见孩子们兴趣浓厚，李老师答应去市场买两盆睡莲下周一带去幼儿园。

问题：

请结合材料，从教师职业道德角度，评析李老师的教育行为。（14分）

32. 材料：

一个真正的文学批评家,应该坚守自己独立的批评品格,远离世俗的主流风尚,对文学进行精神与灵魂的审视,而不是庸常的絮语。然而,中国当下文学的主流批评恰恰存在着一定的灵魂缺失与精神萎缩。文学批评渐渐被市场与媒体所左右,总是在大而无当的赞歌与恣肆恶意的攻击之间进退维谷,作家和读者很难听到真正的批评的声音。大多数文学批评家将自己的批评视角与笔墨投向了文学的热闹喧嚣之地,而对一些处于边缘地位因种种缘故未能进入主流文坛的作家作品,却少有注意。事实上,在一些边缘作家的作品里,我们往往能够读到异于所谓主流的特别内容。譬如王小波,他在世的时候,并没有多少批评家的目光注意到他,关于其作品的评介自然也是其身后的事情了。而王小波的出现无疑显示了文学的另一种可能,他的作品在精神上和鲁迅式的焦灼与反抗,可谓有着异曲同工之妙:对人间猥琐的嘲弄,对现实生活的焦虑,对芸芸众生的哀怜,以及回到生活的深处与内心的深处,"将人的狂放、朗然之气弥散在作品中","在嘲弄社会的同时,也忽视了自我"。显然,王小波之死唤醒了一种新的文学批评的诞生,即充满学术良知、生存尊严与批评真理的文学批评。不过,这种文学批评并非当前文坛的大多数,恰恰相反,它只在少数批评家那里存在着,热闹的文坛依然那么热闹,热闹过后,一片虚无。文学批评的光芒,倘若日益被甚嚣尘上的商业化炒作完全掩盖,文学批评的末路或许也就为期不远了,我们的文学批评必须对此有所警觉。

(摘编自陈劲松《文学批评的姿态》)

问题:

(1) 材料最后一句:"我们的文学批评必须对此有所警觉"中的"此"指代的内容是什么?(4分)

(2) 结合上述材料,请简要分析当下文学批评存在的弊端。(10分)

三、写作题(本大题1小题,50分)

33. 阅读下面的材料,按要求作文。

苏霍姆林斯基说:"一个好老师意味着什么?首先意味着他是这样一个人,他热爱孩子,感到和孩子在一起交往是一种乐趣,相信每个孩子都能成为好人,善于跟他们交朋友,关心孩子们的快乐和悲伤,了解孩子的心灵。"马克思说:"只有用爱来交换爱,用信任来交换信任。"高尔基说:"谁爱孩子,孩子就爱谁,只有爱孩子的人才会教育孩子。"

根据上述材料给你的启示,联系实际,写一篇作文。

要求:

用规范的现代汉语写作。不要脱离材料内容或含义,题目自拟,立意自定,观点明确,分析具体,条理清晰,语言流畅,不少于800字。

综合素质(幼儿园)
全真模拟与预测试题 9

注意事项：

考试时间为 120 分钟，满分 150 分。

一、单项选择题（本大题共 29 小题，每小题 2 分，共 58 分）

1. 我国下列法律法规中，没有关于制止体罚的法律规定的是（　　）。
   A. 《义务教育法》　　　　　　　　B. 《未成年人保护法》
   C. 《教师法》　　　　　　　　　　D. 《教育法》

2. 教育部印发《中小学班主任工作条例》是为了进一步推进未成年人（　　），加强中小学班主任工作，充分发挥班主任在教育学生中的重要作用。
   A. 安全保护工作　　　　　　　　　B. 遵守纪律的意识
   C. 思想道德建设　　　　　　　　　D. 精神文明建设

3. 卢梭曾说："做老师的只要有一次向学生撒谎撒漏了底，就可能使他的全部教育成果从此为之毁灭。"这句话体现的教师劳动特点是（　　）。
   A. 复杂性　　　　B. 示范性　　　　C. 创造性　　　　D. 长期性

4. 社会上曾风行"零岁方案""神童方案"。一些"望子成龙"的家长，强行给自己的子女进行盲目的早期定向培养。一些幼儿园迫于家长的压力或经济利益的驱动，办起了各种各样的兴趣班、特长班，而忽视了幼儿本应接受的教育。这种做法（　　）。
   A. 有利于幼儿的特长教育　　　　　B. 有利于幼儿的全面发展
   C. 忽视了幼儿自身的需要　　　　　D. 难以针对不同幼儿做到因材施教

5. 联合国《儿童权利公约》规定，对儿童的养育与发展负有首要责任的是（　　）。
   A. 联合国儿童权利委员会　　　　　B. 父母或法定监护人
   C. 国家　　　　　　　　　　　　　D. 幼儿园

6. 下列选项中，不符合联合国《儿童权利公约》对儿童权利的保护规定的是（　　）。
   A. 承认儿童享有生命权　　　　　　B. 确保儿童免受惩罚的权利
   C. 最大限度地确保儿童的生存与发展　D. 确保儿童享有其幸福所需的保护和照顾

7. "全体适龄儿童、少年，除依照法律规定办理缓学或免学手续的以外，都必须入学接受教育，并且必须完成规定年限的义务教育。"这体现了义务教育的（　　）特征。
   A. 强制性　　　　B. 基础性　　　　C. 公共性　　　　D. 普及性

8. 小欣尿裤子了，李老师立即批评他，小欣既伤心又害怕，大声哭起来。李老师的这种做法（　　）。
   A. 是为幼儿好
   B. 不妥，不应立即批评，而应将小欣带出教室批评
   C. 不妥，没有顾及小欣的感受
   D. 不妥，小欣哭时应该阻止

9. 根据《国家中长期教育改革和发展规划纲要（2010—2020 年）》，以下关于学前教育说法错误的是（　　）。
   A. 积极发展学前教育，到 2020 年，普及学前两年教育
   B. 建立政府主导、社会参与、公办民办并举的办园体制

C. 重点发展农村学前教育

D. 到2020年,有条件的地区普及学前三年教育

10. 在联合国《儿童权利公约》中对儿童的理解正确的是( )。
    A. 儿童是指18岁以下的人
    B. 儿童是指刚出生的人
    C. 儿童是指16岁以下的人
    D. 儿童是指上学期间的学生

11. 幼儿阳阳在自由活动时偷偷溜出幼儿园,在人行道上被电动车撞伤。对阳阳受到的伤害,应承担赔偿责任的是( )。
    A. 幼儿园   B. 车主   C. 阳阳的监护人   D. 车主和幼儿园

12. 某幼儿园以识字和算数为基本活动,得到了家长的支持,该幼儿园的做法( )。
    A. 不正确,幼儿园应以游戏为基本活动
    B. 不正确,幼儿园应以体育为基本活动
    C. 正确,有助于培养幼儿的阅读能力
    D. 正确,有助于办出幼儿园的特色

13. 曾揭示教师示范角色的特点,并指出"教师的职务是用自己的榜样教育学生"的人是( )。
    A. 赫尔巴特   B. 夸美纽斯   C. 乌申斯基   D. 杜威

14. 学校之间签订的协作合同,经过协商后修改某些法定义务或履行期限及条件等。这属于( )。
    A. 教育法律关系客体的变更
    B. 教育法律关系主体的变更
    C. 教育法律关系内容的变更
    D. 教育法律关系没有变更

15. 某幼儿园的一位新教师刚刚从事教师工作时,虚心向同事请教,认真备课,努力把握课堂教学的每个环节。但随着对工作的熟悉与社会交往的增多,该教师开始变得浮躁,他认为:"教师上课就那么回事,我备好一遍课可以用好多年。"该老师没有做到( )。
    A. 关爱幼儿   B. 教书育人   C. 为人师表   D. 终身学习

16. 小川很调皮,在学校不遵守纪律,经常说脏话,有时候还影响其他同学的学习和生活。小川的班主任郑老师隔三岔五给小川的家长打电话,每次都把家长狠狠地批评一顿,还经常把家长叫到学校来训话。郑老师的做法( )。
    A. 错误,教师应该与家长平等沟通
    B. 错误,教师对学生发展负全责
    C. 正确,家长要配合学校教育学生
    D. 正确,教师应该主动寻求家长的支持

17. 下列选项中,不属于天然光源的是( )。
    A. 阳光   B. 月光   C. 激光   D. 星光

18. 2014年12月13日是我国首个国家公祭日,与这一祭日直接相关的惨案发生的时间地点是( )。
    A. 1931年沈阳   B. 1937年南京
    C. 1937年北京   D. 1938年武汉

19. 某幼儿园的程老师人长得漂亮,钢琴也弹得非常好。工作之余,程老师在校外开设了

钢琴兴趣班。慢慢地,程老师开始对工作有些力不从心,教学中总是敷衍了事。程老师的做法违背了教师职业道德中的( )。
   A. 爱岗敬业   B. 爱国守法   C. 终身学习   D. 关爱学生

20. 1999年,中共中央、国务院颁布了《关于深化教育改革,全面推进素质教育的决定》,将( )确定为我国教育改革和发展的长远方针。
   A. 基础教育   B. 终身教育   C. 素质教育   D. 应试教育

21. 雨果在作品( )的序言中指出:只要本世纪的三个问题:贫穷使男子沉沦,饥饿使妇女堕落,黑暗使儿童羸弱,还得不到解决,那么,这一类作品就不会是无用的。
   A.《海上劳工》 B.《巴黎圣母院》 C.《悲惨世界》 D.《九三年》

22. 下列不属于京剧代表的戏曲是( )。
   A.《白蛇传》 B.《贵妃醉酒》 C.《霸王别姬》 D.《红楼梦》

23. 下列人物中相传曾整理《诗》《书》等古代典籍,并删修《春秋》的是( )。
   A. 孔子   B. 老子   C. 孟子   D. 荀子

24. 我们日常食用的马铃薯,所属的植物器官是( )。
   A. 块根   B. 块茎   C. 肉质根   D. 肉质茎

25. "十个手指各有长短"说明了幼儿发展过程中的( )。
   A. 互补性   B. 阶段性   C. 顺序性   D. 差异性

26. 下列关于太阳风的说法正确的是( )。
   A. 太阳风会促进大气中臭氧的产生,影响地球的空间环境
   B. 太阳风是太阳黑子活动高峰阶段射出的低音速等离子体流
   C. 由于太阳风的作用,彗星周围的光线会形成彗尾
   D. 两极的高层大气受到太阳风的轰击后会发出光芒,形成极光

27. 在Word环境下,关于剪切和复制功能叙述不正确的是( )。
   A. 剪切是把选定的文本复制到剪贴板上,仍保持原来选定的文本
   B. 剪切操作是借助剪贴板暂存区域来实现的
   C. 复制是把选定的文本复制到剪贴板上,仍保持原来的选定文本
   D. 剪切是把选定的文本复制到剪贴板上,同时删除被选定的文本

28. 从所给的四个选项中,选择最合适的一个填入问号处,使之呈现一定的规律性,应填入的是( )。

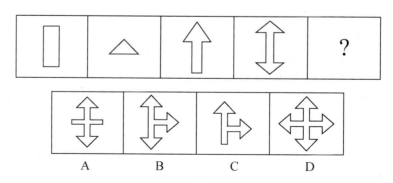

29. 4个杯子上各写着一句话,第一个杯子:每个杯子中都是酸性溶液;第二个杯子:本杯中是矿泉水;第三个杯子:本杯中不是蒸馏水;第四个杯子:有的杯子中不是酸性溶液。如果4句话中只有一句真实,则可以确定的是( )。

    A. 所有的杯子中都是酸性溶液　　　B. 第二个杯子中是矿泉水

    C. 所有杯子中都不是酸性溶液　　　D. 第三个杯子中是蒸馏水

二、材料分析题(本大题共3小题,每小题14分,共42分)

阅读材料,并回答问题。

30. 材料:

刘老师经常带着幼儿做模仿游戏,开始很受幼儿的欢迎。后来刘老师发现幼儿渐渐不愿意跟着自己做模仿游戏了,而是喜欢自己创意。有一天幼儿对刘老师说:"老师,我们不想像你那样做,我们想和你做得不一样!"刘老师说:"好。"于是刘老师跺脚,幼儿拍手,刘老师扮猴子,幼儿扮老虎。幼儿做得特别认真,并做出了很多平时没有做过的动作。刘老师发现游戏规则改变后更能吸引幼儿的注意力,幼儿的反应能力、想象能力和创造能力也都得到了发展和提升,游戏的积极性和秩序性比原来更好了。

问题:

从儿童观角度,评析刘老师的教育行为。(14分)

31. 材料：

某幼儿园教师赵某，在教学实践中深刻体会到，为了更好地教学，首先要提高自身的素质。为此，他攻读了在职研究生，开始了他的"以育促学、以学促育"的在职进修，坚持三载，终以优异的成绩获得硕士学位。从此，赵老师立下誓言："学习、学习、再学习"，每天的业余时间和节假日都被他合理地安排为"书香生活"。正因如此，工作十多年来，他在教学和科研等方面均做出了突出成绩，多次被评为优秀教师。

问题：

请结合材料，从教师职业道德的角度，评析赵老师的教育行为。（14分）

32. 材料：

在艺术创作中，往往有一个重复和变化的问题：只有重复而无变化，作品就必然单调枯燥；只有变化而无重复，就容易陷于散漫凌乱。

重复与变化的统一在建筑物形象的艺术效果上起着极其重要的作用。古今中外的无数建筑，除去极少数例外，几乎都以重复运用各种构件或其他构成部分作为取得艺术效果的重要手段之一。

历史上最杰出的一个例子是北京的明清故宫。从天安门到端门、午门是一间间重复着的"千篇一律"的朝房。再进去，太和门和太和殿、中和殿、保和殿成为一组的"前三殿"与乾清门和乾清宫、交泰殿、坤宁宫成为一组的"后三殿"的大同小异的重复，就更像乐曲中的主题和"变奏"；每一座的本身也是许多构件和构成部分（乐句、乐段）的重复；而东西两侧的廊、庑、楼、门，又是比较低微的，以重复为主但亦有相当变化的"伴奏"。然而整个故宫，它的每一个组群，每一个殿、阁、廊、门却全部都是按照明清两朝工部的"工程做法"的统一规格、统一形式建造的，连彩画、雕饰也尽如此，都是无尽的重复。我们完全可以说它们"千篇一律"。但是，谁能不感到，从天安门一步步走进去，就如同置身于一幅大"手卷"里漫步：在时间持续的同时，空间也连续着"流动"，那些殿堂、楼门、廊庑虽然制作方法千篇一律，然而每走几步，前瞻后顾，左睇右盼，那整个景色的轮廓、光影，却都在不断地改变着；一个接着一个新的画面出现在周围，千变万化。空间与时间，重复与变化的辩证统一在北京故宫中达到了最高的成就。

翻开世界建筑史，凡是较优秀的个体建筑或者组群，一条街道或者一个广场，往往都以建筑物形象重复与变化的统一而取胜。说是千篇一律，却又千变万化。每一条街都是一轴"手卷"、一首"乐曲"。千篇一律和千变万化的统一在城市面貌上起着重要的作用。

（摘编自梁思成《千篇一律与千变万化》）

问题：

（1）请简要概括重复与变化的辩证统一关系。（4分）

（2）简要分析北京故宫的建筑在"千篇一律"与"千变万化"结合中取得的艺术效果。（10分）

三、写作题(本大题 1 小题,50 分)

33. 阅读下面的材料,按要求作文。

常言道:"上山容易,下山难。"这句话是说:上山虽然费力,但不容易发生危险;下山虽然省力,但却容易失足跌下山。其实,这简单的话语蕴含着丰富的人生哲理。

要求:

用规范的现代汉语写作,自定立意,自拟题目,自选文体,不少于800字。

综合素质(幼儿园)
全真模拟与预测试题 10

注意事项:
考试时间为120分钟,满分150分。

一、单项选择题(本大题共29小题,每小题2分,共58分)

1. 几个幼儿正趴在树下兴致勃勃地观察着什么,一名教师看到他们满身是灰的样子,生气地走过去问:"你们在做什么?"幼儿头也不抬地说:"听蚂蚁唱歌呢。"为了激发幼儿的学习动机和对知识的兴趣,教师正确的说法是( )。
   A. 胡说,蚂蚁怎么会唱歌
   B. 那你们想知道蚂蚁是怎么唱歌的吗
   C. 快回教室做作业
   D. 那你们继续听吧

2. 今天周老师班上上手工课"折纸青蛙",周老师先讲解了一遍制作方法,又给幼儿示范了一遍做法,班里的小朋友都动手折了起来。这时后面的几个小朋友大声喊:"老师,我不会。"周老师以为是在后面看不清就走过去想再示范一遍给他们看。谁知刚走到他们身边,这几个小朋友就停止了动作,将材料往周老师面前一推,大有要周老师帮他们做的架势。但是周老师并没有帮他们直接做,而是又示范了一遍给他们看,并对他们说"别急,你们要自己先动手做做试试。"周老师的做法( )。
   A. 错误,周老师的做法没有遵循幼儿身心发展的规律
   B. 错误,周老师的做法没有体现对幼儿的尊重
   C. 正确,周老师的做法体现了"育人为本"的儿童观
   D. 正确,周老师的做法体现了对幼儿的关爱

3. 绘画时,飞飞在纸上画了一个黑色的太阳,对此,老师恰当的做法是( )。
   A. 批评飞飞的画不合常理
   B. 耐心地询问飞飞的想法
   C. 替飞飞把太阳涂成红色
   D. 要求飞飞重新画红太阳

4. 中一班的男孩如厕时常常有意将小便洒在便池外,甚至是小朋友身上。据此,王老师在便池里合适的位置上贴了几朵花,要求幼儿小便时比赛看谁能瞄准花朵,给花朵浇水,此后男孩小便再也不乱洒了,王老师的教育方法体现的幼儿教育特点是( )。
   A. 游戏性 B. 综合性 C. 整体性 D. 浅显性

5. 我国把实施( )作为科教兴国战略的重要组成部分。
   A. 素质教育
   B. 应试教育
   C. 特殊教育
   D. 终身教育

6. 《国家中长期教育改革和发展规划纲要(2010—2020年)》提出了未来国家教育发展的强大动力是( )。
   A. 育人为本 B. 促进公平 C. 提高质量 D. 改革创新

7. 为了将校园建设得更完善,某幼儿园向幼儿每人收取80元来添置10台投影仪。该幼儿园的做法( )。
   A. 能解决教学困难,给予支持
   B. 违反法律规定,但情有可原
   C. 违反法律规定,应当追究责任
   D. 幼儿园和幼儿共同受益,无对错之分

8. 为了了解畅畅的写作能力,齐老师翻看了他的日记,并给予认真的点评。齐老师的行为( )。
   A. 合法,教师具有教育教学权
   B. 合法,教师具有指导评价权
   C. 不合法,教师不得随意翻看未成年人的日记
   D. 不合法,教师无权点评学生的作品

9. 教师王某经常让班里的幼儿在活动室外面罚站,王某的做法( )。
   A. 不合法,侵犯了幼儿受教育权
   B. 不合法,侵犯了幼儿的荣誉权
   C. 合法,教师有管理幼儿的权利
   D. 合法,教师有教育幼儿的权利

10. 幼儿园小朋友洋洋的画被幼儿园推荐发表,所得稿酬应归于( )。
    A. 幼儿园   B. 洋洋本人   C. 洋洋的父母   D. 洋洋的老师

11. 构建素质教育目标,必须遵循儿童身心素质发展的( ),才能保证素质教育目标的科学性和可行性。
    A. 顺序   B. 重点   C. 客观规律   D. 特征

12. 每次老师提问,小冬总爱抢着回答,但基本上都答错,对此老师应该( )。
    A. 引导小冬仔细思考
    B. 批评小冬思考不认真
    C. 安排小冬多做作业
    D. 对小冬举手置之不理

13. 这是一名幼儿教师写的教育笔记:今天带孩子们去户外玩了一会儿,回来的时候大家都渴了。于是孩子们各自拿着自己的小杯子排着队接水喝,看着孩子们咕咚咕咚喝水的样子我不禁笑了。突然感觉自己也有点口渴,于是拿着杯子来到饮水机前很自然地接了一杯水,刚要拿到嘴边喝,听到小朋友们在小声地议论:"老师刚才接水没有排队。"这个案例说明( )。
    A. 教师平时的言行举止都被幼儿看在眼里,要时刻注意为人师表
    B. 幼儿的认知水平较低,为人处事不够圆融,不必跟他们计较
    C. 教师也是人,偶尔也会犯错,只要道理讲明白了就可以了
    D. 教师不是圣人,社会和学生对教师的要求太过苛刻,不必在意

14. 新入职的王老师,面对各种突发状况,往往手足无措,每当这时,班上其他两位老师都不慌不乱,默契解决。王老师有时工作心态不好,另外两位老师也能耐心开导。这让王老师更努力地融入幼儿园这个大集体。这说明几位老师能够做到( )。
    A. 团结协作   B. 爱岗敬业   C. 为人师表   D. 教书育人

15. 小红怀疑同伴小刚偷了她新买的油画棒,并报告了老师,老师便要搜查小刚的衣服口袋,小刚拒绝被搜。该老师的做法( )。
    A. 错误,应当充分尊重信任小刚
    B. 错误,应搜查所有幼儿的口袋
    C. 错误,应避免当众对小刚搜查
    D. 错误,应该通知家长之后再搜

16. 张老师在幼儿园对小朋友态度亲和,耐心细致,她的工作获得了领导和家长的一致好评,小朋友也喜欢她,可是一回到家里,张老师就只想安静休息,不让家人开电视,稍不如意就会和家人吵架,常常弄得心力交瘁。下列说法正确的是( )。
    A. 张老师缺乏心理调适能力
    B. 张老师家人缺乏体谅之心

C. 张老师的情绪反应很正常　　　　D. 张老师善于转移负面情绪

17. 下列选项中,与"春夏秋冬:四季"逻辑相同的是(　　)。
   A. 早中晚:一天　　　　　　　　B. 赤橙黄绿:颜色
   C. 喜怒哀乐:情绪　　　　　　　D. 东南西北:四方

18. 中国海洋从北到南的顺序是(　　)。
   A. 渤海、黄海、东海、南海　　　B. 黄海、渤海、东海、南海
   C. 渤海、东海、黄海、南海　　　D. 东海、黄海、渤海、南海

19. "芳菲次第长相续",一季更有一季景。下列诗句描述了不同季节的物候,按春、夏、秋、冬的次序排列正确的是(　　)。
   ① 竹喧归浣女,莲动下渔舟　　② 墙角数枝梅,凌寒独自开
   ③ 采菊东篱下,悠然见南山　　④ 竹外桃花三两枝,春江水暖鸭先知
   A. ②④③①　　B. ④②①③　　C. ④③①②　　D. ④①③②

20. 杜鹃花与杜鹃鸟的结构层次相比,缺少的结构层次是(　　)。
   A. 细胞　　　B. 组织　　　C. 器官　　　D. 系统

21. 下列这首古代诗歌:"松下问童子,言师采药去。只在此山中,云深不知处。"的作者是(　　)。
   A. 白居易　　B. 贾岛　　　C. 欧阳修　　D. 袁枚

22. 下列关于韩愈、柳宗元的表述,不正确的是(　　)。
   A. 韩愈、柳宗元都是唐代文学家
   B. 他们倡导了著名的"古文运动"
   C. 他们力倡内容充实,形式严整的散文
   D. 他们都是"唐宋八大家"的重要成员

23. 传说中的"鬼火"现象其实是人体内的一种元素在氧化过程中,部分能量以光能的形式释放所致。这种人体内的元素是(　　)。
   A. 钙　　　　B. 钾　　　　C. 磷　　　　D. 铁

24. 下列选项中属于21世纪取得的科学成就的是(　　)。
   A. "炎黄一号"项目的成功　　　B. 器官移植成为常规疗法
   C. 试管婴儿路易斯·布朗的诞生　D. 克隆羊"多莉"的诞生

25. 多瑙河是欧洲第二长河,发源于德国西南部,自西向东流,流经10个国家,注入黑海,是世界上干流流经国家最多的河流。下列国家没有多瑙河经过的是(　　)。
   A. 奥地利　　B. 匈牙利　　C. 乌克兰　　D. 俄罗斯

26. Word中"背景"位于(　　)选项卡下。
   A. 视图　　　B. 页面布局　　C. 插入　　　D. 审阅

27. 在PowerPoint中,新建一个演示文档的第一张幻灯片的默认版式是(　　)。
   A. 项目清单　B. 两栏文本　　C. 标题幻灯片　D. 空白

28. 下列选项中与"三角形—几何图形"逻辑关系相同的是(　　)。
   A. 矩形—椭圆形　　　　　　　B. 菱形—六边形
   C. 圆形—三角形　　　　　　　D. 梯形—四边形

29. 下列选项中,体现郑成功重大历史功绩的一项是(　　)。

　　A. 七擒孟获　　　B. 收复台湾　　　C. 官渡之战　　　D. 虎门销烟

二、材料分析题(本大题共3小题,每小题14分,共42分)

阅读材料,并回答问题。

30. **材料:**

　　班上的幼儿总记不住饭后漱口。一天早上,刘老师找了两个透明的塑料杯放在桌上,其中一个杯子里面装满了干净的水。早饭后,刘老师让一位小朋友把漱口水吐在空杯子里,让全班小朋友一起观察。孩子们议论纷纷:"这两杯水不一样,一个很干净,一个很脏。""那个杯子里的水里有东西了。"刘老师问:"这些脏东西原来藏在哪儿呀?"孩子们纷纷说道:"藏在小朋友的嘴里。""藏在舌头底下。""粘在牙上的。""藏在牙缝里的。"刘老师把装着漱口水的杯子放进盥洗室。

　　午睡后,孩子们去盥洗室解便洗手,桐桐捂着鼻子说:"这是什么味?真难闻!"这时,放杯子的地方围着几个小朋友,正在议论着。大家指着杯子问:"这是什么呀?真臭!"原来漱口水已经变臭了。这时刘老师走过来,看见孩子们一脸的惊讶,问道:"大家想一想,这些东西在嘴里会怎么样?"有的孩子说:"也会变得这样臭,生出许多细菌来。"还有的孩子说:"原来我们的牙齿就是这样被弄坏的!那吃完饭得把嘴漱干净。"有一位小朋友说:"我回家告诉爸爸妈妈,让他们吃完饭后也一定要漱口。"自那次观察活动后,孩子们漱口再也不用老师提醒了。

问题:

请从教育观的角度,评价刘老师的教育行为。(14分)

31. 材料：

下面是张老师的教育日志：下午的点心是每人一块蛋糕、一杯牛奶，孩子们像往常一样静静品尝着自己的那一份。发完后，我发现袋子里还有一块蛋糕，就随手给了旁边的莉莉，可没想到我的无心之举却引起了一场"风波"，莉莉脸上露出了得意的笑容，举起了那块蛋糕，在小朋友面前炫耀起来："这是张老师多给我的。"其他孩子有的向她投去了羡慕的眼神，有的向我的桌上投来搜寻的眼神。孩子们接着纷纷议论起来，有的一本正经地说："她小，所以张老师才给她吃的呢！"有的愤愤不平地说："张老师一定是喜欢莉莉。"

这时，我才意识到事情的"严重性"。我的举动欠考虑，冷落了其他小朋友，我马上进行补救。"今天多的一块蛋糕老师给了莉莉，以后多出来的点心，老师会发给别的小朋友，大家轮流吃，你们说好吗？"孩子们脸上的复杂表情马上都消失了，大声喊道："好！"

问题：

请结合材料，从教师职业道德的角度评析张老师的教育行为。（14分）

32. 材料:

大地山河(节选)
茅盾

　　住在西北高原的人们,不能想象江南太湖区域所谓"水乡"的居民生活。所谓"暮春三月,江南草长,杂花生树,群莺乱飞",也还不是江南"水乡"的风光。缺少那交错密布的水道的西北高原的居民,听说人家的后门外就是河,站在后门口(那就是水阁的门),可以用吊桶打水,午夜梦回,可以听得橹声欸乃,飘然而过,总是有点难以构成形象的吧?

　　..........

　　光是从天空飞过,你不能具体地了解所谓"西北高原"的意义。光是从地上走过,你了解得也许具体些,然而还不够"概括"(恕我借用这两个字)。

　　你从客机的高度仪的指针上看出你是在海拔三千多公尺以上了,然而你从玻璃窗向下看,嘿,城郭市廛,历历在目,多清楚!那时你会恍然于下边是高原了。但你还得在地上走过,然后你这认识才能够补足。

　　你会不相信你不是在平地上。可不是一望平畴,麦浪起伏?可是你再极目远望,那边天际一道连山,不也是和你脚下的"平地"并列的么?有时你还觉得它比你脚下的低呢!要是凑巧,你的车子到了这么一个"土腰",下面是万丈断崖,而这万丈断崖也还是中间阶段而已,那时你大概才切实地明白了高原之所以为高原了吧?这也不是凭空可以想象的。

　　谢家的哥哥以"撒盐"比拟下雪,他的妹妹说,"未若柳絮因风起"。自来都认为后者佳胜。自然,"柳絮因风起",多么清灵俊逸;但这是江南的雪景。如果说北方,那么谢家哥哥的比拟实在也没有错。当然也有下大朵的时候,那也是"柳絮"了,不过,"撒盐"时居多。积在地上,你穿了长毡靴走过,那"沙沙"的响声,那颇有燥感的粉末,就会完全构成了"盐"的印象。要是在大野,一望皆白,平常多坎陷与浮土的道路,此时成为砥平而坚实,单马曳的雪橇轻溜溜地滑过,那时你真觉得心境清凉而实在,空气也清洁得好像滤过。

问题:

(1) 作者认为怎样才能真正了解"西北高原"?(7分)

(2) 在作者眼中,江南的雪和西北的雪的特点各是什么?能带给人怎样的不同感受?(7分)

三、写作题(本大题1小题,50分)

33. 阅读下面的材料,按要求作文。

叶圣陶先生曾言:"千教万教,教人求真;千学万学,学做真人。"教师的职责是教学生"求真",但又不仅限于此;更为重要的是让学生形成良好的道德品质,学会做"真人"。教师良好的道德品质与职业操守在学生这一"学做真人"的过程中扮演着极为重要的角色。

根据材料所引发的思考和感悟,写一篇论说文。

要求:

用规范的现代汉语写作,角度自选,立意自定,标题自拟,不少于800字。

保教知识与能力(幼儿园)
全真模拟与预测试题 1

注意事项：

考试时间为120分钟，满分150分。

一、单项选择题（本大题共10小题，每小题3分，共30分）

1. 创建"活教育"体系的教育家是（　　）。
   A. 蒙台梭利　　　　　　　　　B. 杜威
   C. 福禄培尔　　　　　　　　　D. 陈鹤琴

2. 小班幼儿搭积木时，往往没有计划性。把积木垒成一堆就说是大山，排成一条线就说是一条道路，搭一个门洞就说是房子。这反映了小班幼儿（　　）。
   A. 具体形象思维特点　　　　　B. 直觉行动思维特点
   C. 象征性思维特点　　　　　　D. 抽象逻辑思维特点

3. 幼儿园促进幼儿社会性发展的主要途径是（　　）。
   A. 人际交往　　　　　　　　　B. 操作练习
   C. 教师讲解　　　　　　　　　D. 集体教学

4. 为了解幼儿同伴交往特点，研究者深入幼儿所在的班级，详细记录其交往过程的语言和动作等。这一研究方法属于（　　）。
   A. 访谈法　　　　　　　　　　B. 实验法
   C. 观察法　　　　　　　　　　D. 作品分析法

5. 儿童一进商场就被漂亮的玩具吸引，这一刻出现的心理现象是（　　）。
   A. 注意　　　　　　　　　　　B. 想象
   C. 需要　　　　　　　　　　　D. 思维

6. 根据埃里克森的观点，在生命中第一年的婴儿面临的基本冲突是（　　）。
   A. 主动性对内疚　　　　　　　B. 基本信任对不信任
   C. 自我统一性对角色混乱　　　D. 自主性对害羞

7. 被黄蜂蜇伤后，正确的处理方法是（　　）。
   A. 涂肥皂水　　　　　　　　　B. 温水冲洗
   C. 涂食用醋　　　　　　　　　D. 清水冷敷

8. 幼儿学习的基础是（　　）。
   A. 直接经验　　　　　　　　　B. 课堂学习
   C. 间接经验　　　　　　　　　D. 理解记忆

9. 冬冬边玩魔方边自己小声嘀咕："转一下这面试试，再转这面呢？"这种语言被称为（　　）。
   A. 角色语言　　　　　　　　　B. 自我中心语言
   C. 对话语言　　　　　　　　　D. 内部语言

10. 王小明小朋友有不知足、不安全、忧虑、退缩、怀疑、不喜欢与同伴交往等特点。据此可以推论，王小明的家庭教养方式可能是（　　）。
    A. 放纵型　　　　　　　　　　B. 专制型
    C. 民主型　　　　　　　　　　D. 自由型

二、简答题(本大题共 2 小题,每小题 15 分,共 30 分)

11. 游戏满足了幼儿身心发展的哪些需要?

12. 简述幼儿园心理环境创设的重要意义。

三、论述题(本大题1小题,20分)

13. 王小艳小朋友聪明可爱,得到王老师的喜爱,因此在教育活动中总能得到发言的机会;张小明小朋友活泼好动,调皮捣蛋,常常惹王老师生气,所以在教育活动中哪怕手举得高高的也得不到发言的机会。久而久之,张小明经常向别的老师和爸爸妈妈说:"王老师不喜欢我。"

请从学前教育原则的角度论述上述现象。

四、材料分析题(本大题共 2 小题,每小题 20 分,共 40 分)

阅读材料,并回答问题。

14. 材料:

星期一,已经上了小班的松松在午睡时一直哭泣,嘴里还不停地念叨:"我要打电话叫爸爸来接我,我要回家。"教师多次安慰,他还一直在哭。教师生气地说:"你再哭,爸爸就不来接你了。"松松听后情绪更加激动,哭得更加厉害了。

问题:

请分析上述材料中教师的行为,并提出三种帮助幼儿控制情绪的有效方法。

15. **材料：**

星期一，A老师埋怨地说："孩子在家过了一个双休日，再回到幼儿园后，许多良好的行为习惯就退步了，不认真吃饭，乱扔东西，活动时喜欢说话，真不知孩子在家时，家长是怎么教育的！"站在一旁的B老师也颇有同感地说："是啊，如果家长都能按我们的要求去教育孩子，我们的工作就好做多了！"A老师接着说："可这些家长不但不按我们的要求去做，还经常给我们提这样那样的意见，好像我们当老师的还不如他们懂得多，真拿这些家长没有办法……"

问题：

请运用幼儿园与家庭相互配合的有关理论，分析和评论材料中两位老师的教育观点，并具体谈谈家园合作对幼儿发展的重要意义与目前存在的误区。

五、活动设计题(本大题1小题,30分)

16. 请针对下列材料中的问题,设计一份改进洗手环节的工作方案(要求写出对问题的分析、工作目标和解决各类问题的主要方法)。

新入园的小班幼儿在洗手时出现了许多问题:有的把袖子弄湿,不洗手背,冲不干净皂液;有的争抢或拥挤,玩水忘记洗手,擦手后毛巾乱放在架子上;有的握不住大块肥皂;有的因毛巾架离水池远,一路甩水把地面弄得很湿……

保教知识与能力(幼儿园)
全真模拟与预测试题 2

注意事项：

考试时间为120分钟，满分150分。

一、单项选择题（本大题共10小题，每小题3分，共30分）

1. 被称为"教育史上的哥白尼"和"现代教育之父"的教育家是（　　）。
   A. 杜威　　　　　　　　　　　　B. 蒙台梭利
   C. 福禄培尔　　　　　　　　　　D. 夸美纽斯

2. 儿童最早玩的游戏类型是（　　）。
   A. 练习游戏　　　　　　　　　　B. 规则游戏
   C. 象征性游戏　　　　　　　　　D. 建构游戏

3. 一个小女孩看到"夏景"说："小姐姐坐在河边，天热，她想洗澡，她还想洗脸，因为她脸上淌着汗。"这个小女孩的想象是（　　）。
   A. 经验性想象　　　　　　　　　B. 情境性想象
   C. 愿望性想象　　　　　　　　　D. 拟人化想象

4. 培养机智、敏锐和自信心，防止疑虑、孤独，这些教育措施主要是针对（　　）。
   A. 胆汁质的儿童　　　　　　　　B. 多血质的儿童
   C. 黏液质的儿童　　　　　　　　D. 抑郁质的儿童

5. 下列哪种方法不利于缓解或调整幼儿激动的情绪（　　）。
   A. 转移注意力　　　　　　　　　B. 斥责
   C. 冷处理　　　　　　　　　　　D. 安抚

6. 小班集体教学活动一般都安排15分钟左右，是因为幼儿有意注意时间一般是（　　）。
   A. 20～25分钟　　　　　　　　　B. 3～5分钟
   C. 15～18分钟　　　　　　　　　D. 10～11分钟

7. 幼儿园教学的基本方法是（　　）。
   A. 演示法　　　B. 范例法　　　C. 活动法　　　D. 示范法

8. 幼儿鼻中隔是易出血区，该处出血后正确的处理方法是（　　）。
   A. 鼻根部涂紫药水然后安静休息
   B. 让幼儿略低头冷敷前额鼻部
   C. 止血后半小时内不剧烈运动
   D. 让儿童仰卧休息

9. 幼儿以积木、沙、雪等材料为道具模仿周围现实生活的游戏是（　　）。
   A. 表演游戏　　　　　　　　　　B. 结构游戏
   C. 角色游戏　　　　　　　　　　D. 规则游戏

10. 评估幼儿发展的最佳方式是（　　）。
    A. 平时观察　　　　　　　　　　B. 期末检测
    C. 问卷调查　　　　　　　　　　D. 家长访谈

二、简答题(本大题共 2 小题,每小题 15 分,共 30 分)

11. 简述幼儿期儿童自我评价的趋势并举例说明。

12. 简述营养素的概念和作用。

三、论述题(本大题 1 小题,20 分)

13. 在幼儿园领域教育活动中,为什么要关注幼儿学习发展的整体性?请结合实例说明。

四、材料分析题(本大题共 2 小题,每小题 20 分,共 40 分)

阅读材料,并回答问题。

14. **材料:**

区域活动开始了,孩子们根据自己的喜好自由地选择了不同的区域开始玩游戏。教师发现创想区一个人也没有,于是就说:"谁愿意去创想区玩啊?"可是没有人理睬。教师耐心地再次提高了嗓门:"今天谁愿意去玩纸箱啊?"这时,有一个幼儿举手说:"我去吧!"接着几个幼儿也陆续地响应去创想区玩。可是没一会儿,创想区的游戏就结束了。见此情况,教师就从头到尾把整个游戏的过程和玩法讲给了他们听,并给他们几个人分配了不同的角色,在教师的指导下,创想区里的"纸箱加工厂"总算顺利地开展起来了。在区域活动进行到一半的时候,教师发现创想区里乱成一团,跑过去一看,孩子们正在玩"开小汽车"的游戏呢。看到教师来又赶紧玩起了纸箱,嘴里却不停地说"一点儿都不好玩"。

问题:

请根据孩子们的反应,对这位教师的游戏区设置的合理性进行分析并提出建议。

15. **材料：**

小虎精力旺盛，爱打抱不平，做事急躁、马虎，爱指挥人，稍有不如意，就大发脾气动手打人，事后也后悔，但难以克制。

问题：

（1）你认为小虎的气质属于什么类型？为什么？

（2）如果你是小虎的老师，你准备如何根据其气质类型的特征实施教育？

五、活动设计题(本大题1小题,30分)

16. 请设计一份幼儿园保育评价方案。

保教知识与能力(幼儿园)
全真模拟与预测试题 3

注意事项:

考试时间为120分钟,满分150分。

一、单项选择题(本大题共10小题,每小题3分,共30分)

1. 我国第一所公立幼稚师范学校——江西实验幼师的创办者是( )。
   A. 陈鹤琴　　　　B. 陶行知　　　　C. 黄炎培　　　　D. 张雪门

2. 小明容易与陌生人相处,容易适应陌生环境,在与母亲刚分离时并不难过。但独自在陌生环境中待一段时间后会感到焦虑,不过很容易从陌生人那里获得安慰。小明对妈妈的依恋属于( )。
   A. 回避型　　　　B. 无依恋型　　　C. 安全型　　　　D. 反抗型

3. 中班幼儿告状现象频繁,这主要是因为幼儿( )。
   A. 道德感的发展　　　　　　　　B. 羞愧感的发展
   C. 美感的发展　　　　　　　　　D. 理智感的发展

4. 某5岁儿童画的西瓜比人大,画的两颗尖牙也占了人脸的大部分,这个时期儿童画的特点是( )。
   A. 感觉的强调和夸张　　　　　　B. 绘画技能稚嫩
   C. 未掌握画面布局比例　　　　　D. 表象符号的形成

5. 儿童学习语言的关键期是( )。
   A. 0—1岁　　　　B. 1—3岁　　　　C. 3—6岁　　　　D. 5—6岁

6. 在幼儿教育活动中,最能为幼儿提供交谈机会的组织形式是( )。
   A. 全园活动　　　　　　　　　　B. 班集体活动
   C. 小组活动　　　　　　　　　　D. 个别活动

7. 学前教育具有双重任务,这双重任务是指( )。
   A. 教学和教育　　　　　　　　　B. 游戏和教学
   C. 保育与游戏　　　　　　　　　D. 保育和教育

8. 对幼儿园活动的正确理解是( )。
   A. 儿童尽情地随意玩耍
   B. 在安全的前提下按课程的要求活动
   C. 为儿童舒展筋骨而开展活动
   D. 教育过程就是活动过程,促进儿童身心健康发展

9. 儿童拿一根竹竿当马骑,竹竿在游戏中属于( )。
   A. 表演性符号　　　　　　　　　B. 工具性符号
   C. 象征性符号　　　　　　　　　D. 规则性符号

10. 教育内容既要符合幼儿已有的发展水平,又要能促进其进一步发展。这符合( )。
    A. 价值性原则　　　　　　　　　B. 基础性原则
    C. 发展适宜性原则　　　　　　　D. 兴趣性原则

二、简答题(本大题共 2 小题,每小题 15 分,共 30 分)

11. 简述学前儿童常见的意外伤害事故的处理原则。

12. 简述加德纳的多元智能理论的主要观点、智能种类及教育启示。

三、论述题(本大题1小题,20分)

13. 试论述蒙台梭利的幼儿教育思想。

四、材料分析题(本大题共 2 小题,每小题 20 分,共 40 分)

阅读材料,并回答问题。

14. 材料:

李老师设计了一个"三只蝴蝶"的游戏活动。她选了三个幼儿扮演蝴蝶,又选了若干幼儿扮演花朵。结果,幼儿兴趣不高,表现被动。还没等游戏结束,一个幼儿就问李老师:"老师,游戏完了吗?我们可以自己玩了吗?"

问题:

对于这种现象,请从幼儿游戏特点和游戏指导的角度进行论述。

15. 材料：

　　李老师的班里有一幼儿名叫来来。刚入园时，来来整天呆坐在座位上，不和旁边的小朋友交流，全然一副与身边同伴井水不犯河水的模样。与她交流比较吃力，要放慢速度，用简短的一两个字进行对话。集体活动时，来来总漠然地待在一边，不会主动参与，李老师用很多种方法引导她参与集体活动，她都不予理睬。即便是排队洗手等一些简单的活动，都需要李老师走过去手把手地拉着她参与。更有的时候，即使李老师带领她到活动场地，她也是旁若无人地定格在那里，什么也不动。很少讲话，偶尔讲话，声音也很小、很低，经常自言自语重复一些单调的话："妈妈呢？妈妈会来的，妈妈下班来接来来"等。对此，李老师很是无奈……

问题：

　　针对材料中的问题，请你给李老师提供一些合理化建议。

五、活动设计题(本大题 1 小题,30 分)

16. 请以"磁铁的奥秘"为主题,设计一份幼儿园中班的活动方案。

保教知识与能力(幼儿园)
全真模拟与预测试题 4

注意事项：

考试时间为120分钟，满分150分。

一、单项选择题（本大题共10小题，每小题3分，共30分）

1. 从科学知识取向转向儿童经验取向的代表性教育著作是（　　）。
   A.《理想国》　　　　　　　　　B.《爱弥儿》
   C.《大教学论》　　　　　　　　D.《普通教育学》

2. 婴幼儿手眼协调的标志性动作是（　　）。
   A. 无意触摸到东西　　　　　　B. 握住手里的东西
   C. 伸手拿到看见的东西　　　　D. 玩弄手指

3. 在婴儿对某一对象表现出明显的分离焦虑时，表明婴儿已获得（　　）。
   A. 条件反射观念　　　　　　　B. 母亲观念
   C. 积极情绪观念　　　　　　　D. 客体永久性观念

4. 幼儿如果能够认识到他们的性别不会随着年龄的增长而发生改变，说明他已经具有（　　）。
   A. 性别倾向性　　　　　　　　B. 性别差异性
   C. 性别独特性　　　　　　　　D. 性别恒常性

5. 幼儿在想象中常常表露个人的愿望。例如，大班幼儿文文说："老师，我长大了要做一个解放军，保卫祖国。"这是一种（　　）。
   A. 经验性想象　　　　　　　　B. 情境性想象
   C. 愿望性想象　　　　　　　　D. 拟人化想象

6. 《幼儿园教育指导纲要（试行）》规定的艺术领域的关键能力是（　　）。
   A. 感受能力　　　　　　　　　B. 表现能力
   C. 创造能力　　　　　　　　　D. 思维能力

7. 下列有关幼小衔接的说法，正确的一项是（　　）。
   A. 幼儿入学适应困难，是因为幼儿园教育过于游戏化
   B. 幼小衔接完全是幼儿园的责任
   C. 幼儿园的幼小衔接工作不仅仅在大班，小中班也应该开展
   D. 幼小衔接主要是教幼儿拼音、认字等内容

8. 社区教育起源于（　　）。
   A. 丹麦　　　　B. 日本　　　　C. 瑞典　　　　D. 美国

9. 幼儿反复敲打桌子，在房间里跑来跑去，在椅子上摇来摇去，这类游戏属于（　　）。
   A. 结构游戏　　　　　　　　　B. 象征性游戏
   C. 规则游戏　　　　　　　　　D. 机能性游戏

10. 在教育史上有"教育评价之父"之称的教育家是（　　）。
    A. 桑代克　　　　　　　　　　B. 比纳·西蒙
    C. 布鲁姆　　　　　　　　　　D. 泰勒

二、简答题(本大题共2小题,每小题15分,共30分)

11. 简述幼儿集体教学的利与弊。

12. 简述幼儿园传染病的预防措施。

三、论述题(本大题 1 小题,20 分)

13. 教师如何给幼儿的主动学习提供支持?请结合实例说明。

四、材料分析题(本大题共 2 小题,每小题 20 分,共 40 分)

阅读材料,并回答问题。

14. 材料:

刘老师发现幼儿园大班"理发店"的"顾客"很少,"顾客"对"理发店"不感兴趣。于是,刘老师带幼儿到"理发店"参观。在"理发店"里,刘老师引导幼儿观察"理发店"里的设施,理发师与顾客的活动,鼓励幼儿就感兴趣的问题询问理发师;记录幼儿的问题与发现,还拍下了许多照片,如顾客躺着洗头、梳漂亮的发型以及理发店里的各种工具等。回到幼儿园,刘老师组织幼儿讨论"怎样开好理发店"。她呈现理发店拍的照片,引发幼儿回顾,有的幼儿说:"我们也想躺着洗头,可是没有躺椅呀。"有的说:"我要给'顾客'梳漂亮的头发,可是没有发型书怎么办呢?"刘老师说:"可不可以用我们身边的材料来做呢?"在老师的启发下,幼儿提出用积木搭建躺椅,自己画发型图等想法。刘老师支持幼儿的做法,并提供大型积木,收藏发型图的活页夹等材料。之后,"顾客"在"理发店"里能躺着洗头,能选漂亮的发型烫发,"理发店"红火起来了。

问题:

请分析案例中教师采用了哪些策略来支持幼儿的游戏活动。

15. 材料：

小朋友们用橡皮泥做花朵，可捏来捏去总是不成样子。于是张老师带领他们到自然角，那里有几盆花。她告诉小朋友们，先仔细观察花的形状，再观察花的色彩，然后再看看花由哪几部分组成……小朋友们叽叽喳喳地发表自己的意见，开开心心地回到活动室继续开始他们的泥工活动。

"我做不起来……"刘欣小朋友突然嚷嚷了一句，然后把手里的橡皮泥往桌上一扔。听到刘欣的话，王艳、李兵等小朋友也开始嚷："我也做不起来。""我不玩了。""老师，这泥巴不喜欢我"……张老师笑着对大家说："小朋友们，是不是哪儿做错了呢？你再仔细想想刚才看的花，再看看做花的程序图，首先做什么呢？"张老师把做花的程序又仔细地讲了一遍，然后将程敏小朋友的作品（一个做得比较优秀的泥工作品）给大家看，说："老师相信大家都能做得与程敏小朋友一样好。"接着，张老师对几个做得不太正确的小朋友进行逐个提醒，最后所有的小朋友都完成了自己的作品。

牛牛跟张老师说："我做了荷花。"张老师问："你为什么做荷花呢？"牛牛说："我看过荷花，很喜欢，妈妈还拍了很多照片呢。"

结果小朋友们做出来的花品种繁多、形态各异，大多数都是自然角里没有的。浩浩小朋友还拿了一个可乐罐当花瓶……还有的小朋友们将自己的"花"与别人的"花"交换，玩得可开心了。

问题：

根据材料分析幼儿艺术活动中，教师应注意什么。

五、活动设计题(本大题 1 小题,30 分)

16. 以"大自然的礼物"为主题,设计一份幼儿园中班的活动方案,要求写明活动目标、活动准备、活动过程等。

保教知识与能力(幼儿园)
全真模拟与预测试题 5

注意事项：

考试时间为120分钟，满分150分。

一、单项选择题(本大题共10小题,每小题3分,共30分)

1. 一名幼儿画小朋友放风筝,将小朋友的手画得很长,几乎比身体长了3倍,这说明了幼儿绘画特点具有(　　)。
   A. 形象性　　　　B. 抽象性　　　　C. 象征性　　　　D. 夸张性

2. 1岁半的儿童想给妈妈吃饼干时,会说:"妈妈""饼""吃",并把饼干递过去,这表明该阶段儿童语言发展的一个主要特点是(　　)。
   A. 电报句　　　　B. 完整句　　　　C. 单词句　　　　D. 简单句

3. 一名4岁幼儿听到教师说"一滴水,不起眼",结果他理解成了"一滴水,肚脐眼"。这一现象主要说明幼儿(　　)。
   A. 听觉辨别力较弱　　　　　　　　B. 想象力非常丰富
   C. 语言理解凭借自己的具体经验　　D. 理解语言具有随意性

4. 在商场4—5岁的幼儿看到自己喜爱的玩具时,已不像2—3岁的幼儿那样吵着要买;他能听从成人的要求,并用语言安慰自己:"家里有许多玩具了,我不买了。"对这一现象最合理的解释是(　　)。
   A. 4—5岁幼儿形成了节约的概念
   B. 4—5岁幼儿的情绪控制能力进一步发展
   C. 4—5岁幼儿能够理解玩其他玩具同样快乐
   D. 4—5岁幼儿自我安慰的手段有了进一步发展

5. 下雨天走在被车轮碾过的泥泞路上,晓雪说:"爸爸,地上一道一道的是什么呀?"爸爸说:"是车轮压过的泥地儿,叫车道沟。"晓雪说:"爸爸脑门儿上也有车道沟(指皱纹)。"晓雪的说法体现的幼儿思维特点是(　　)。
   A. 转导推理　　　B. 演绎推理　　　C. 类比推理　　　D. 归纳推理

6. 幼儿突然出现剧烈呛咳,伴有呼吸困难,面色青紫。这种情况可能是(　　)。
   A. 急性肠胃炎　　　　　　　　　　B. 异物落入气管
   C. 急性喉炎　　　　　　　　　　　D. 支气管哮喘

7. 教师拟定教育活动目标时,以幼儿现有发展水平与可以达到水平之间的距离为依据,这种做法体现的是(　　)。
   A. 维果茨基的最近发展区理论　　　B. 班杜拉的观察学习理论
   C. 皮亚杰的认知发展理论　　　　　D. 布鲁纳的发展教学法

8. 教师在幼儿书写准备的指导中,不恰当的做法是(　　)。
   A. 用图画和符号表达自己的愿望和想法　　B. 书写自己的名字
   C. 养成正确的写画姿势　　　　　　　　　D. 学习书写常见汉字

9. 为了让幼儿在户外运动中一物多玩,最适合的做法是(　　)。
   A. 教师集体示范　　　　　　　　　B. 幼儿自主探索
   C. 教师分组讲解　　　　　　　　　D. 教师逐一训练

10. 在"秋天的树"美术活动中,教师不适宜的做法是(　　)。
    A. 让幼儿按照教师的范画绘画
    B. 组织幼儿观察幼儿园的树
    C. 提供各种树的照片,组织幼儿讨论
    D. 引导幼儿观察有关树木的名画

二、简答题(本大题共 2 小题,每小题 15 分,共 30 分)

11. 影响在园幼儿同伴交往的因素有哪些?

12. 从儿童发展角度,简述幼儿户外运动的价值。

三、论述题(本大题1小题,20分)

13. 论述教师尊重幼儿个体差异的意义与举措。

四、材料分析题(本大题共 2 小题,每小题 20 分,共 40 分)

阅读材料,并回答问题。

14. 材料:

3岁的阳阳,从小跟奶奶生活在一起。刚上幼儿园时,奶奶每次送他到幼儿园准备离开时,阳阳总是又哭又闹。当奶奶的身影消失后,阳阳很快就平静下来,并能与小朋友们高兴地玩。由于担心,奶奶每次走后又折返回来。阳阳再次看到奶奶时,又立刻抓住奶奶的手,哭泣起来。

问题:

针对上述现象,请结合材料进行分析。

15. 材料:

角色游戏中,大二班在教室里开展理发店主题游戏。教师为了提升幼儿的游戏水平,主动为幼儿制作了理发店价目表(见下图)。

```
理发店价目表

美发区              美容区
洗发10元           牛奶洗脸10元
剪发10元           美白面膜15元
烫发30元           造型设计20元
染发30元           身体按摩20元
```

问题:

请结合你对角色游戏的理解,分析教师提供价目表这一做法是否适宜,并提出建议。

五、活动设计题(本大题1小题,30分)

16. 请根据下列素材设计一个大班科学活动,要求写出活动名称、活动目标、活动准备、活动过程。

大班的胡老师为幼儿提供了各种吹泡泡的工具,有吹管,铁丝绕成的圈,塑料吹泡泡棒等(如下图),让幼儿在户外活动时自己吹泡泡玩。幼儿在吹泡泡的时候,有的能吹出很大的泡泡,有的只能吹出小泡泡,有的能一次吹出好多个泡泡,有的一次只能吹出一个泡泡。结果有的幼儿得意,有的幼儿沮丧。针对上述现象,胡老师打算组织一个科学教育活动,以引发幼儿深入探究的兴趣,并使幼儿了解不同吹泡泡工具与吹出的泡泡之间的关系。

保教知识与能力(幼儿园)
全真模拟与预测试题 6

注意事项：

考试时间为120分钟，满分150分。

一、单项选择题（本大题共10小题，每小题3分，共30分）

1. "孟母三迁"的故事可用来说明影响儿童心理发展的主要因素是（　　）。
   A. 遗传　　　　　B. 环境　　　　　C. 训练　　　　　D. 活动

2. 幼儿看到故事书中的"坏人"，常常会将其抠掉，这是（　　）的表现。
   A. 情绪冲动性　　　　　　　　　　B. 情绪易变性
   C. 情绪两极性　　　　　　　　　　D. 情绪感染性

3. 培养机智、敏锐和自信心，防止疑虑、孤独，这些教育措施主要是针对（　　）。
   A. 胆汁质的儿童　　　　　　　　　B. 多血质的儿童
   C. 黏液质的儿童　　　　　　　　　D. 抑郁质的儿童

4. 下列对于多动症的说法，不正确的是（　　）。
   A. 由多种原因引起的一组综合征
   B. 某种神经递质的缺陷可诱发该病
   C. 神经髓鞘发育落后可诱发该病
   D. 营养不良可诱发该病

5. 在不理解的情况下，幼儿也能熟练地背诵古诗。这种记忆属于（　　）。
   A. 意义记忆　　　　　　　　　　　B. 理解记忆
   C. 机械记忆　　　　　　　　　　　D. 逻辑记忆

6. （　　）原则是指创设幼儿园环境应考虑不同地区、不同条件园所的实际情况，做到因地制宜、勤俭办园。
   A. 开放性　　　　　　　　　　　　B. 发展适宜性
   C. 幼儿参与性　　　　　　　　　　D. 经济性

7. 最早提出"以儿童的最大利益为首考虑"这一原则的文件是（　　）。
   A.《适合儿童生长的世界》
   B.《3—6岁儿童学习与发展指南》
   C.《未成年人保护法》
   D.《儿童权利公约》

8. 在布置自然角时，教师让幼儿讨论决定该饲养何种动物。这遵循了幼儿园环境创设原则中的（　　）。
   A. 目标导向原则　　　　　　　　　B. 发展适宜性原则
   C. 幼儿参与原则　　　　　　　　　D. 经济性原则

9. 儿童的社会性交往大多是在游戏情境中发生的，幼儿游戏中社会性交往水平最高的是（　　）。
   A. 合作游戏　　　　　　　　　　　B. 平行游戏
   C. 联合游戏　　　　　　　　　　　D. 角色游戏

10. 受到别人嘲笑而感到不愉快，对活动的成败感到自豪、焦虑，对别人的怀疑和妒忌等，是与( )相联系的情感体验。
A. 思维　　　　　　　　　B. 自我意识
C. 想象　　　　　　　　　D. 记忆

二、简答题(本大题共2小题,每小题15分,共30分)

11. 简述幼儿心理发展的一般特点。

12. 简述陈鹤琴的学前教育课程的理念。

三、论述题(本大题 1 小题,20 分)

13. 试述如何培养孩子良好的依恋。

四、材料分析题(本大题共 2 小题,每小题 20 分,共 40 分)

阅读材料,并回答问题。

14. 材料:

在一项行为试验中,老师把一个大盒子放在幼儿面前,对幼儿说:"这里面有一个很好玩的玩具,一会我们一起玩。现在我要出去一下,你等我回来。我回来之前,你不能打开这个盒子,好吗?"幼儿回答:"好的!"老师把幼儿单独留在房间里。下面是两位幼儿在接下来的 2 分钟独处时的不同表现。

幼儿 1:眼睛一会儿看墙上,一会儿看地上,尽量不让自己看面前的盒子,小手也一直放在自己的腿上。老师再次进来问:"你有没有动过盒子?"幼儿 1 回答说:"没有。"

幼儿 2:忍了一会,禁不住打开盒子偷偷看了一眼。老师进来问:"你有没有动过盒子?"幼儿 2 回答说:"没有,这个玩具不好玩儿。"

问题:

请分析上述材料中,两位幼儿各自表现出的行为特点。

15. 材料:

中班角色游戏开始了,豆豆想做便利店的服务员,但是琪琪和彤彤却说:"你来晚了。"豆豆一边哭一边找老师说:"我想当服务员,他们不让我当服务员……"

问题:

请根据中班幼儿的游戏特点,分析上述事例产生的原因,并说说教师该如何介入。

五、活动设计题(本大题 1 小题,30 分)

16. 请设计一节中班绘画活动"画画我自己"。要求写明设计意图、活动目标、活动准备和活动过程。

保教知识与能力(幼儿园)
全真模拟与预测试题 7

注意事项:

考试时间为120分钟,满分150分。

一、单项选择题(本大题共10小题,每小题3分,共30分)

1. 为避免幼儿因模仿影视作品中的反面人物而形成不良品德,根据班杜拉的社会学习理论,下列最恰当的做法是( )。
   A. 避免幼儿看此类影视作品　　　　B. 对有模仿行为的幼儿进行说理教育
   C. 尽量选择反面人物少的影视作品　　D. 选择有正面榜样作用的影视作品

2. 回家后,晶晶把在幼儿园学习的歌曲唱给父母听,这种心理现象为( )。
   A. 识记　　　　B. 保持　　　　C. 再认　　　　D. 回忆

3. 2岁的幼儿说出"骑车"一词时,既可能是体现情感的功能,表示"我喜欢骑车",也可能是体现意动的功能,表示"我想骑车"。3岁之后,幼儿能把自己的想法准确地表达出来。这反映出幼儿的语法发展是( )。
   A. 从混沌一体到逐步分化　　　　B. 从简单到复杂
   C. 从不完整到完整　　　　　　　D. 从情境性到连贯性

4. 幼儿在商场被玩具吸引,此刻出现的心理现象是( )。
   A. 注意　　　　B. 想象　　　　C. 需要　　　　D. 思维

5. 幼儿看见同伴帮助别人会赞同,看见同伴欺负别人会生气,这种体验是( )。
   A. 理智感　　　　　　　　　　　B. 道德感
   C. 美感　　　　　　　　　　　　D. 自主感

6. 科学活动中,教师观察到某幼儿能用数字、图表整理自己观察到的现象,该幼儿最可能的年龄是( )。
   A. 6岁　　　　B. 5岁　　　　C. 4岁　　　　D. 3岁

7. ( )影响着幼儿园的精神风貌,对全园的成人和幼儿都有潜移默化的作用。
   A. 幼儿园文化　　　　　　　　　B. 幼儿园环境
   C. 幼儿园师资　　　　　　　　　D. 幼儿园课程

8. 陈鹤琴提出的"五指活动"指的是( )。
   A. 健康活动、社会活动、科学活动、艺术活动、文学活动
   B. 语言活动、社会活动、科学活动、美术活动、音乐活动
   C. 常识活动、社会活动、科学活动、艺术活动、文学活动
   D. 体育活动、语言活动、科学活动、艺术活动、文学活动

9. 春游过去两天了,小明还没有忘记当时的欢乐情景。这种记忆属于( )。
   A. 语言记忆　　　B. 运动记忆　　　C. 情绪记忆　　　D. 逻辑记忆

10. 建立生活常规的意义不包括( )。
    A. 保障幼儿的安全
    B. 方便教师保教工作的需要
    C. 保障集体生活及幼儿的交往需要

D. 促进幼儿身体各系统的生长发育

二、简答题(本大题共 2 小题,每小题 15 分,共 30 分)

11. 简述幼儿情绪情感发展的特点。

12. 活动区材料的投放要适时、适量、有指向性。一般来说,活动区材料投放应该注意哪几个方面?

三、论述题(本大题 1 小题,20 分)

13. 结合实例论述培养幼儿记忆能力的策略。

四、材料分析题(本大题共 2 小题,每小题 20 分,共 40 分)

阅读材料,并回答问题。

14. 材料：

兰兰是幼儿园中班的孩子,一次,她拿起纸和笔画画,画之前她自言自语地说:"我想画小猫咪。"她先画了猫头、猫耳朵,再画猫眼。然后画了条线,说这是草地,在上面画了绿草、小花,接着又画了只兔子,边画边说:"哎呀,不像不像,像什么呀,像小拖车。"这时,她又忽然想起来:"小猫还没嘴呢！也没画胡子！"于是,她又画了起来。

请认真阅读、分析上述材料,并回答下列问题。

(1)兰兰的画画行为说明了幼儿想象的什么特点？为什么？(10 分)

(2)谈谈如何培养幼儿的想象力。(10 分)

15. 材料：

图1 打针　　　　　　图2 聚餐　　　　　　图3 吃饭

问题：

（1）上述三幅画各反映出幼儿绘画的哪种表现方式？

（2）怎样理解幼儿的绘画？

（3）评价幼儿画作时应注意什么问题？

五、活动设计题(本大题1小题,30分)

16. 材料:

秋天来了,某幼儿园的幼儿对周边的环境变化有了明显的感知。在一次收集落叶的活动中,孩子们不经意地发现了草地上蹦跳的蚱蜢,个个惊喜万分,情不自禁地捉起了小蚱蜢。"这是什么虫子,它会飞吗?""咦,怎么有的是绿的,有的是黄的?"幼儿对小蚱蜢有着不同的疑惑。这一幕被该幼儿园园长看到了,园长邀请你来设计一个课程。

请从孩子们对蚱蜢的兴趣出发,充分利用该园现有的垫子、轮胎、平衡木、圈、跨栏等体育器械为小班幼儿创设一个"小蚱蜢种粮"的自然场景,设计一个"小蚱蜢吃粮"活动,旨在锻炼幼儿走、跑、跳的基本动作,让幼儿充分体验模仿小蚱蜢做运动的乐趣。

保教知识与能力(幼儿园)
全真模拟与预测试题 8

注意事项:
考试时间为120分钟,满分150分。

一、单项选择题(本大题共10小题,每小题3分,共30分)

1. 幼儿知道"冬天太冷,最好不要到户外去",这反映了幼儿( )。
   A. 感觉的概括性　　　　　　　　　B. 知觉的概括性
   C. 思维的概括性　　　　　　　　　D. 记忆的概括性

2. 幼儿边搭积木边说:"这个太小了。"这是一种( )。
   A. 外部言语　　　　　　　　　　　B. 社会化言语
   C. 对话言语　　　　　　　　　　　D. 自我中心言语

3. 2—6岁儿童掌握的词汇数量迅速增加,词类范围也不断扩大,该时期儿童掌握词汇的先后顺序通常是( )。
   A. 动词、名词、形容词　　　　　　B. 动词、形容词、名词
   C. 名词、动词、形容词　　　　　　D. 形容词、动词、名词

4. 婴幼儿时期儿童脑的发育非常迅速;出生后的几年内,脑重量增加近4倍;6—7岁时,儿童的脑重量已基本接近成人水平,占成人脑重量的( )。
   A. 60%　　　　　B. 70%　　　　　C. 80%　　　　　D. 90%

5. 洋洋尿裤子了,陈老师发现后让洋洋等待保育员过来换裤子。陈老师的做法违背了学前教育的( )。
   A. 主体性原则　　　　　　　　　　B. 活动性原则
   C. 直观性原则　　　　　　　　　　D. 保教合一原则

6. 《幼儿园教师专业标准(试行)》指出,教师应"注重( ),培养幼儿良好的意志品质,帮助幼儿养成良好的行为习惯"。
   A. 教育教学　　　B. 行为规范　　　C. 保教结合　　　D. 日常教育

7. 儿童的社会性发展是( )。
   A. 与生俱来的
   B. 由遗传素质决定的
   C. 在成长过程中自然形成的
   D. 在与外界环境相互作用过程中形成的

8. 造成儿童味蕾功能减退、食欲不振、厌食,甚至影响生长发育,身材矮小,严重者有侏儒症的是缺乏( )。
   A. 钙　　　　　　B. 铁　　　　　　C. 碘　　　　　　D. 锌

9. 活动区活动结束了,可是曼曼的"游乐园"还没搭完。他跟李老师说:"李老师,我还差一点就搭完了,再给我5分钟,行吗?"李老师说:"行,我等你。"李老师一边说,一边指导其他幼儿收拾玩具……李老师的做法体现了幼儿园一日活动安排应该( )。
   A. 与幼儿积极互动
   B. 根据幼儿活动的需求灵活调整
   C. 按作息时间表按部就班地进行

D. 随时关注幼儿的活动
10. 活动区是教师根据儿童发展的需要和幼儿园的实际情况设置的不同角落、区域，（   ）是儿童在活动区活动的基础。
   A. 空间　　　　　　　　　　B. 材料
   C. 隔离　　　　　　　　　　D. 活动规则

二、简答题(本大题共 2 小题,每小题 15 分,共 30 分)

11. 简述幼儿社会学习的指导要点。

12. 简述活动区的功能。

三、论述题(本大题 1 小题,20 分)

13. 根据我国幼儿园教育的目标,结合加德纳的多元智能理论,分析当前我国幼儿园中普遍存在的"特色园""兴趣班"现象。

四、材料分析题(本大题共 2 小题,每小题 20 分,共 40 分)

阅读材料,并回答问题。

14. 材料:

如今走在大街上,时常会遇到一个又一个"小眼镜";寒暑假,各大医院幼儿眼科专家常常要为前来就诊的大量眼疾患儿治疗。已有 20 年幼儿教育教龄的罗老师感慨地说:"近几年,视力不佳的幼儿明显增多了。"

问题:

结合以上材料,分析幼儿教师应如何帮助并教育幼儿注意用眼卫生和眼部保健。

15. **材料：**

郭老师在活动区设立了"美美理发室"。有一天,"理发师"晨晨在为一位"顾客"理发,由于只有一位客人,另一位"理发师"妮妮显得非常无聊,坐在椅子上发呆。郭老师看了一会儿就走了,突然晨晨跑过来对郭老师说:"老师,我没有电吹风为客人吹头发。"郭老师说:"没有电吹风,你们可以做其他的事情呀!"一段时间过后,因为"理发室"里只有剪头发和吹头发的服务,顾客量直线下降,最后沦落到没有"顾客",郭老师见状将"美美理发室"撤掉。

问题：

（1）请从幼儿游戏的支持与指导角度分析郭老师的教育行为。

（2）请针对上述材料中郭老师的教育行为提出建议。

五、活动设计题(本大题 1 小题,30 分)

16. 请围绕"玩水"这个主题,设计一个幼儿园大班活动方案,要求写出活动目标、活动准备和活动过程。

保教知识与能力(幼儿园)
全真模拟与预测试题 9

注意事项:

考试时间为120分钟,满分150分。

一、单项选择题(本大题共10小题,每小题3分,共30分)

1. 下列玩具不是从功能角度分类的是( )。
   A. 运动性玩具　　B. 建构玩具　　C. 益智玩具　　D. 传统玩具

2. 小赵老师观察到班上一位幼儿在上舞蹈课时能够善始善终,没有开小差。这说明该幼儿的注意具有很好的( )。
   A. 稳定性　　B. 广度　　C. 转移力　　D. 分配能力

3. 幼儿园的双重任务中的( )是我国幼儿园的一大特色,也是我国幼儿园的社会使命。
   A. 发挥一日活动整体教育功能　　B. 以游戏为基本活动
   C. 教育的活动性和活动的多样性　　D. 保育和教育

4. 在婴儿期,儿童常常通过哭、喊、扔东西来吸引成人的关注。这反映了他们所采用的学习方式是( )。
   A. 模仿　　B. 操作学习　　C. 使用工具　　D. 习惯性

5. 幼儿园教育目标中最有操作性的、最具体的目标是( )。
   A. 班级一周计划的教育目标　　B. 幼儿年龄阶段目标
   C. 某一具体活动的教育目标　　D. 班级一日计划的教育目标

6. 如果是色盲或失明儿童,就无从发展视力,也就培养不成画家了。这表明( )
   A. 遗传决定一切　　B. 遗传素质为儿童发展提供前提
   C. 后天环境决定遗传素质　　D. 教育起主导作用

7. 在蒙台梭利的感觉教育中,感觉训练的重点是( )。
   A. 视觉训练　　B. 听觉训练　　C. 触觉训练　　D. 嗅觉训练

8. 《幼儿园教师专业标准(试行)》规定,幼儿园教师专业标准的基本理念是( )。
   A. 师德为先,幼儿为本,能力为重,知识为主
   B. 幼儿为本,能力为重,知识为主,终生学习
   C. 幼儿为本,师德为先,能力为重,终生学习
   D. 师德为先,幼儿为本,知识为主,终生学习

9. 以下关于个性论述的阐述,正确的是( )。
   A. 个性不是天生的,是心理发展到一定水平后形成的,这个一定"水平"是指个体的认知发展要达到前运算阶段水平
   B. 个性倾向系统包括需要与动机、兴趣、理想等要素
   C. 自我意识包括自我评价、自我体验、自我监控三方面
   D. 气质是个性最核心的特征

10. 幼儿园邀请家长来园观察半日活动,这种形式是( )。
    A. 家长会　　B. 家长学校
    C. 家长接待日　　D. 家长开放日

二、简答题(本大题共 2 小题,每小题 15 分,共 30 分)

11. 简述幼儿注意分散的原因。

12. 简述幼儿园实施幼小衔接工作的指导思想。

三、论述题(本大题 1 小题,20 分)

13. 试述教师在组织幼儿园活动时,如何发挥一日活动整体教育功能的原则。

四、材料分析题(本大题共 2 小题,每小题 20 分,共 40 分)

阅读材料,并回答问题

14. **材料:**

问:你叫什么名字,几岁了?

答:我叫刘雨薇,五岁了。

问:你是男孩儿还是女孩儿?

答:当然是女孩儿了,你看我梳着小辫子,我表弟才是男孩儿呢。

问:你有什么本领?

答:我会擦桌子、扫地,我打针都不哭,所以我是好孩子。

问:你喜欢什么?

答:我喜欢芭比娃娃,但是妈妈说家里太多了,不让买新的了。

问:你不喜欢什么?

答:我不喜欢吃胡萝卜,但是妈妈和老师说胡萝卜吃了对身体好,我就吃了。

问题:

该对话体现了幼儿何种心理现象?分析该小朋友这种心理现象的特点。

15. **材料：**

今天的"动动巧手"里真热闹,孩子们拿着一个个大小不一、形状各异的螺丝高兴极了。他们有的拿、有的放,左看看、右瞧瞧,爱不释手。经过一阵噼里啪啦声,孩子们逐渐安静了下来。顾洋首先拿起一颗螺丝,开始试着找螺母拧,不一会儿他高兴地说:"老师,看!我把螺丝拧起来了。"我马上说:"真能干,你是怎么拧的,表演给大家看好吗?"于是顾洋兴奋地给大家做了现场表演。立刻有几个小朋友也开始拧螺丝了。这时吴艳楠一边招手一边说:"老师,看!我做的蛋糕。"我一看,原来她把螺丝一层一层地装在了一个小碟子里,就像一个蛋糕,我蹲下来大声说:"你太棒了,还能用螺丝做蛋糕,你再搭一个和它不一样的东西好吗?""好吧!"紧接着有好几个小朋友也加入她的搭建行列。这时,有一个安静的小角落引起了我的注意:只见孙俊楠一声不吭地在忙着。我走过去问:"你在干什么?"她说:"这个碟子里是大的,这个碟子里是小的,老师我放的对吗?"原来孩子在分类呀,我摸了摸她的头说:"真能干,加油干吧。""老师看!我用螺丝搭的大桥!""老师,我的项链好看吗?"……看着一张张兴奋的小脸蛋,听着他们稚嫩的、甜甜的声音,我也被感染了,我激动地冲他们伸伸拇指说:"你们真能干!"孩子们高兴地笑了。

问题：

请结合材料分析,幼儿教师应如何引导幼儿的游戏。

五、活动设计题(本大题1小题,30分)

16. 请根据下面的素材,设计大班主题活动方案,要求写出主题活动名称、主题活动总目标、两个子活动。每个子活动包括活动名称、活动目标、活动准备和活动的主要环节。

大班幼儿正处于恒牙萌发的阶段,在幼儿园经常会出现这样的情况,当一个幼儿掉牙后,其他幼儿就会围过来观察,有的说"你的牙流血了",有的说"你的牙齿好黑",有的说"我看看你的牙",幼儿对换牙充满好奇。

保教知识与能力(幼儿园)
全真模拟与预测试题 10

注意事项：

考试时间为120分钟，满分150分。

一、单项选择题(本大题共10小题，每小题3分，共30分)

1. 小青正在画"花朵"，听到妈妈说："这像花朵吗？"她立刻说画的是太阳。这一现象表明小青( )。
   A. 想象夸张且与现实混淆　　　　B. 想象零散无系统
   C. 想象主题不稳定　　　　　　　D. 想象受兴趣的影响

2. 儿童的数概念的形成，经历的四个阶段分别是( )。
   A. 口头数数→按数取物→给物说数→掌握数概念
   B. 口头数数→给物说数→按数取物→掌握数概念
   C. 按数取物→口头数数→给物说数→掌握数概念
   D. 按数取物→给物说数→口头数数→掌握数概念

3. 有的幼儿表现出对表演的兴趣，而有的幼儿表现出对画画的兴趣，这体现的是幼儿个性结构中( )的差异。
   A. 个性倾向性系统　　　　　　　B. 自我意识系统
   C. 个性心理特征系统　　　　　　D. 自我评价系统

4. 风疹病毒传播途径是( )。
   A. 肢体接触　　　　　　　　　　B. 空气飞沫
   C. 虫媒传播　　　　　　　　　　D. 实物传播

5. 青青的妈妈说："那孩子的嘴真甜！"青青问："妈妈，你舔过她的嘴吗？"这主要反映了青青( )。
   A. 思维的片面性　　　　　　　　B. 思维的拟人性
   C. 思维的生动性　　　　　　　　D. 思维的表面性

6. 在大班幼小衔接活动中，教师与幼儿共同创设了"小学调查"的主题墙。这主要是为了( )。
   A. 激发幼儿良好的入学动机　　　B. 培养幼儿的责任感
   C. 提高幼儿的学习能力　　　　　D. 帮助幼儿形成良好的学习习惯

7. 精确地辨别细致物体或具有一定距离的物体的能力，也就是发觉一定对象在体积和形状上最小差异的能力是( )。
   A. 视觉敏度　　　　　　　　　　B. 颜色视觉
   C. 精细视觉　　　　　　　　　　D. 以上说法都不对

8. 表演游戏的指导不包括( )。
   A. 选择表演的文艺作品　　　　　B. 激发幼儿表演的兴趣
   C. 准备表演的服装和道具　　　　D. 对游戏动作和情节的假想

9. 幼儿园的品德教育以情感教育和培养良好的( )为主。
   A. 生活习惯　　　　　　　　　　B. 学习习惯
   C. 行为习惯　　　　　　　　　　D. 卫生习惯

10. 教师要根据幼儿的个体差异表现进行教育。下列现象中不属于幼儿个体差异表现的是（　　）。

　　A. 某幼儿往常吃饭很慢，今天为了得到教师的表扬，吃得很快

　　B. 有的幼儿吃饭快，有的幼儿吃饭慢

　　C. 某幼儿动手能力很强，但语言能力弱于同龄幼儿

　　D. 男孩通常比女孩表现出更多的身体攻击行为

二、简答题(本大题共 2 小题，每小题 15 分，共 30 分)

11. 游戏指导策略是指幼儿游戏过程中教师介入游戏的方式，请结合实际谈谈一般有几种指导方式或策略。

12. 简述幼儿园环境创设的原则。

三、论述题(本大题 1 小题,20 分)

13. 论述如何做好幼小衔接工作。

四、材料分析题(本大题共 2 小题,每小题 20 分,共 40 分)

阅读材料,并回答问题。

14. **材料:**

区域活动开始时阳阳选择的是用打气筒打气的游戏,小勇高高兴兴地来到阳阳的身边,问:"阳阳,我和你一起玩好吗?"阳阳毫不客气地说:"不行。"并转身招呼其他小朋友一起玩。小勇的笑容没有了,嘟起小嘴,眼泪吧嗒吧嗒地往下掉。赵老师走到小勇身边询问情况,小勇说:"我喜欢阳阳,想和他一起玩,可他不让……"老师抱着小勇说:"你被阳阳拒绝了,心里难受是吗?"小勇哭着说:"是的,我还想和阳阳一起玩……"赵老师继续抱着小勇,直到他的情绪逐渐平稳,不再哭泣。

问题:

请结合上述材料,分析赵老师的教育行为是否恰当,并说明理由,再提出促进小勇和阳阳同伴交往的策略。

15. **材料：**
涂鸦活动中，小朋友们正在画画，刘老师很有耐心，不停地指导着大家。"小丽，天空怎么是绿色的呢？你抬头看看，天多么蓝！""方方，太阳再小一点就好了，一幅画就一个太阳。""你的小鸟怎么像汽车，要……"关于刘老师的做法，有两种观点。一种认为老师干涉过多，绿天空又如何？重要的是孩子的想象力。第二种认为画画就是要画出个样子，哪来的绿色天空？小朋友一旦形成绿色天空这种认识，以后就很难改正了。

问题：
你认为刘老师的做法对吗？谈谈你对上述两种观点的看法。

五、活动设计题(本大题 1 小题,30 分)

16. 请根据下面的素材,设计大班主题活动方案,要求写出活动名称、活动目标、活动准备和活动的主要环节。

周一早晨户外活动,幼儿被园子里五颜六色的花吸引了。有的在指认花的颜色:红的、黄的、白的、紫的;有的在数花瓣:三瓣、五瓣、六瓣;有的在争论花的名称。他们发现,有些花形状一样,颜色不一样;有的花朵有香味,有的花朵没有香味……

户外活动结束了,幼儿还一直很兴奋地讨论着……

综合素质(幼儿园)
全真模拟与预测试题1—10参考答案

综合素质（幼儿园）全真模拟与预测试题1
参考答案

一、单项选择题（本大题共29小题，每小题2分，共58分）

| 1—5 | DDACD | 6—10 | BAAAC | 11—15 | DAABC |
| 16—20 | DCABD | 21—25 | ACADC | 26—29 | ACCD |

二、材料分析题（本大题共3小题，每小题14分，共42分）

30.

（1）黄老师的教学行为体现了素质教育的教育观、育人为本的儿童观和以儿童为主体的教师观。（1分）

（2）素质教育观。素质教育要求保育教育活动应当指向人的整体的、全面的发展，使得人的整体品质、全面素质得到提升。素质教育要以培养儿童的创新精神和实践能力为重点。黄老师安排儿童走出活动室，到大自然里寻找有生命的物体，既增加了儿童的兴趣，又发挥了儿童的主动性。同时，她对儿童的新发现加以肯定，保护了儿童的创造意识，又鼓励儿童仔细观察，给儿童提供了实践能力的锻炼机会。（4分）

（3）育人为本的儿童观。把儿童看作是学习的主体，促进儿童主动发展；把儿童作为一个整体，帮助儿童在学习知识的同时，促进其道德情感的发展；把儿童作为有差异、有个性的人，使每个儿童都有一定程度的发展；把儿童当作有发展潜力的人。（4分）

（4）以儿童为主体的教师观。在保育教育活动中，以儿童为主体，教师是儿童发展的指导者、支持者和合作者。黄老师在保育教育活动中，以儿童为主体，引导儿童表达自己的观点，最后启发儿童对生命的理解和珍惜，扮演了指导者、支持者和合作者的角色。（5分）

（如不结合材料说明，酌情扣1—3分）

31.

管老师的教育行为做到了以下几点：

（1）爱岗敬业。管老师任教13年，在每一个岗位上都做得很出色，而且每接到一个新班，都能在一两天内记住班上所有孩子的名字，认真备课，刻苦钻研。

（2）关爱学生。管老师关心爱护全体幼儿，对每个幼儿一视同仁，对幼儿严慈相济，不讽刺、挖苦、歧视幼儿，微笑着对待每一个幼儿。

（3）教书育人。管老师总能创造出良好的保育教育环境，让幼儿在快乐中学习。

（4）为人师表。管老师不收礼，知荣明耻，严于律己，以身作则。

（5）终身学习。管老师自强不息，参加自学考试并取得了文凭，从事课题研究，撰写论文，为幼儿的健康成长不断地学习。

（每个要点3分，满分为14分。如不展开说明，酌情扣2—4分）

32.

（1）反衬作用。反衬后面的"罗锅背"造假有方，骗术高明，同样是造假，却能够博得用人单位或

领导的信任。(6分)

(2)"罗锅背"这一形象的艺术价值是:"罗锅背"及众应聘者的手段和心态折射出的社会现实,即某些人不学无术,企图通过造假手段达到目的,而有证书不代表就有真本领。(3分)

"伯乐"这一形象折射出一个社会问题:选聘人才只看文凭,不重真才实学,往往给造假者以可乘之机。(3分)

这两个形象给我们的启示是:作为求职者,应注重自身素质的提高,用自己的实际能力在社会上谋取一席之地,而不应在制假造假上心存侥幸。作为选人用人单位,应更新观念,变注重学历为注重能力,才能选用到真正需要的有能力的人。(2分)

三、写作题(本大题1小题,50分)

33.

分数		20—16分	15—11分	10—6分	5—1分
基础等级	内容20分	符合题意 中心突出 内容充实 思想健康	符合题意 中心突出 内容较充实 思想健康	基本符合题意 中心基本突出 内容单薄 思想基本健康	偏离题意 中心不明确 内容不当 思想不够健康
	表达20分	符合文体要求 结构严谨 语言流畅	符合文体要求 结构完整 语言通顺	基本符合文体要求 结构基本完整 语言基本通顺	不符合文体要求 结构混乱 语句不通
发展等级	特征10分	1. 观点深刻:(1)透过现象深入本质;(2)揭示事物内在的因果关系;(3)观点具有启发作用。 2. 表现力强:(4)立意高远;(5)材料丰富;(6)论据充足;(7)论证严密。 3. 有文采:(8)用词准确;(9)句式灵活;(10)善用修辞;(11)文句富有表现力。 4. 有创意:(12)见解新颖;(13)材料新鲜;(14)构思新巧;(15)推理想象有独到之处;(16)有个性特征。			

说明:

(1)基础等级项,要兼顾"内容"与"表达"两个方面。"题意"项以符合所给材料的内容为准。

(2)发展等级项,不求全面,可根据"特征"4项16点中若干突出点按等级评分。

(3)错别字、标点错误每处扣1分,最多扣3分。

综合素质（幼儿园）全真模拟与预测试题 2
参考答案

一、单项选择题（本大题共 29 小题，每小题 2 分，共 58 分）

| 1—5 | CCBAB | 6—10 | ABACD | 11—15 | CDAAC |
| 16—20 | BABCD | 21—25 | AACBD | 26—29 | ACBD |

二、材料分析题（本大题共 3 小题，每小题 14 分，共 42 分）

30.
（1）这位教师坚持"育人为本"的儿童观。"育人为本"的儿童观认为，儿童是处于发展中的人，有不断发展的内驱力；儿童既是教育的对象，又是教育的主体；儿童是独立的生命个体；儿童是一个完整的人，是一个有社会意义的人。（2分）
这位教师：① 视幼儿是个发展中的人，尽力帮助她发展；② 既将幼儿视为教育对象，又视其为主体，让她去做一些能做的事；③ 视幼儿是独立的人，承认她的独特之处；④ 视幼儿是完整的人，给她提供发展的机会；⑤ 尊重、理解幼儿，承认差异，因材施教，促进幼儿的发展。（每个要点1分，共5分）
（2）启示：在保育教育过程中，① 要注意坚持"育人为本"的儿童观；② 以促进幼儿发展为目的；③ 全面看待幼儿，确立幼儿的主体地位；④ 公平、公正地对待每个幼儿；⑤ 尊重、热爱幼儿；⑥ 因材施教，促进幼儿的个性发展；⑦ 树立为幼儿服务的意识。（每个要点1分，共7分）

31.
林老师在保育教育过程中做到了以下几方面：
(1)爱岗敬业。林老师勤恳敬业，乐于奉献，对工作高度负责。
(2)关爱学生。林老师关心爱护每个幼儿，对幼儿严慈相济。
(3)教书育人。林老师循循善诱，诲人不倦。
(4)为人师表。林老师情操高尚，严于律己，以身作则，关心集体，团结协作，尊重家长。
(5)终身学习。林老师崇尚科学精神，具有终身学习理念，不断地拓宽自己的知识视野，更新知识结构，潜心钻研业务，勇于探索创新，不断提高专业素养和教育教学水平。
（每个要点3分，满分为14分。如不展开说明，酌情扣2—4分）

32.
（1）告诫青年们生活在应用科学的时代，要用理性的态度对待应用科学研究及其成果。（4分）
（2）"这一点"是指不仅要关心应用科学本身，更要关心怎样组织人的劳动和产品分配这样一些尚未解决的重大问题，用以保证我们科学思想的成果会造福人类，而不致成为祸害。应用科学既节约了劳动，又使生活更加舒适，但给我们的幸福却很少，因为我们还没有学会怎么正当地使用它。比如在战争时期，应用科学给了人们相互毒害和相互残杀的手段；在和平时期，应用科学使我们的生活匆忙和不安定，使人成为机器的奴隶，变得惶恐和不安。因此，除了研究应用科学本身，更要注意应用科学的正确使用，保证应用科学为人类造福，为社会进步发挥作用。（本题满分为10分，如不结

合实际展开说明,酌情扣 2—4 分)

三、写作题(本大题 1 小题,50 分)

33.

分数		20—16 分	15—11 分	10—6 分	5—1 分
基础等级	内容 20分	符合题意 中心突出 内容充实 思想健康	符合题意 中心突出 内容较充实 思想健康	基本符合题意 中心基本突出 内容单薄 思想基本健康	偏离题意 中心不明确 内容不当 思想不够健康
	表达 20分	符合文体要求 结构严谨 语言流畅	符合文体要求 结构完整 语言通顺	基本符合文体要求 结构基本完整 语言基本通顺	不符合文体要求 结构混乱 语句不通
发展等级	特征 10分	\multicolumn{4}{l}{1. 观点深刻:(1)透过现象深入本质;(2)揭示事物内在的因果关系;(3)观点具有启发作用 2. 表现力强:(4)立意高远;(5)材料丰富;(6)论据充足;(7)论证严密 3. 有文采:(8)用词准确;(9)句式灵活;(10)善用修辞;(11)文句富有表现力 4. 有创意:(12)见解新颖;(13)材料新鲜;(14)构思新巧;(15)推理想象有独到之处; (16)有个性特征}			

说明:

(1)基础等级项,要兼顾"内容"与"表达"两个方面。"题意"项以符合所给材料的内容为准。

(2)发展等级项,不求全面,可根据"特征"4 项 16 点中若干突出点按等级评分。

(3)错别字、标点错误每处扣 1 分,最多扣 3 分。

综合素质（幼儿园）全真模拟与预测试题 3
参考答案

一、单项选择题（本大题共 29 小题，每小题 2 分，共 58 分）

1—5	CCDDA	6—10	CBBBB	11—15	AADBB
16—20	DCABD	21—25	DBACC	26—29	CDCD

二、材料分析题（本大题共 3 小题，每小题 14 分，共 42 分）

30.
麦克斯韦父亲的教育方式是育人为本的儿童观的体现。育人为本的儿童观认为，儿童是处于发展中的人，既是受教育的对象，又是教育的主体；儿童是独特的生命个体；儿童是一个完整的人；儿童是一个有社会意义的人。麦克斯韦的父亲并没有因为麦克斯韦画得不好而否定他，而是从他的画当中看出麦克斯韦的数学天赋，并以此因材施教，引导其成长为一名数学家。这反映出麦克斯韦的父亲始终把麦克斯韦当成一个发展的、独特的、完整的人，并依据麦克斯韦的特质去引导他成长，具有深刻的启发价值。(4分)

启示(10分)：
(1) 研究和了解儿童的特性；
(2) 尊重和维护儿童的人格和权利；
(3) 尊重儿童的个体差异；
(4) 公平公正地对待儿童；
(5) 创造条件不断地挖掘儿童的潜力。
(以上每个要点2分。本题满分为14分，如不展开说明，酌情扣 2—4 分)

31.
(1) 幼儿园教师专业发展内容包括专业知识和专业能力两个方面：
① 专业知识，包括学科知识、幼儿保育和教育知识、通识性知识等；(3分)
② 专业能力，包括环境的创设与利用、一日生活的组织与保育、游戏活动的支持与指导、教育活动的计划与实施等。(3分)
(2) 一名优秀的幼儿园教师，应该具备：
① 高尚的师德素养，包括职业道德和个人修养与行为；(2分)
② 正确的专业理念，包括职业理解与认识、对幼儿的态度与行为、对保育和教育的态度与行为、个人修养与行为等方面；(3分)
③ 扎实的专业能力，包括激励与评价、沟通与合作以及反思与发展等能力。(3分)

32.
(1) ① 自信、沉稳、果断；② 强调、不容置疑；③ 对隔壁店主的疑惑微露不悦。(3分)
(2) ① 自感技不如人；② 自觉羞愧；③ 不守行业规矩，终究难以立足。(3分)
(3) ①"走眼"是贯穿全文的线索；②"走眼"是全文的主要事件；③"走眼"在文中具有正话反说

的效果,较好地突出了主题。(4分)

(4)小说塑造了一个阅历丰富、洞悉人心、为人仗义、精通业务的商人形象,揭示了经商与做人一样,都应该秉承诚信、宽厚、与人为善的主旨。(4分)

三、写作题(本大题1小题,50分)

33.

<table>
<tr><th colspan="2">分数</th><th>20—16分</th><th>15—11分</th><th>10—6分</th><th>5—1分</th></tr>
<tr><td rowspan="2">基础等级</td><td>内容20分</td><td>符合题意
中心突出
内容充实
思想健康</td><td>符合题意
中心突出
内容较充实
思想健康</td><td>基本符合题意
中心基本突出
内容单薄
思想基本健康</td><td>偏离题意
中心不明确
内容不当
思想不够健康</td></tr>
<tr><td>表达20分</td><td>符合文体要求
结构严谨
语言流畅</td><td>符合文体要求
结构完整
语言通顺</td><td>基本符合文体要求
结构基本完整
语言基本通顺</td><td>不符合文体要求
结构混乱
语句不通</td></tr>
<tr><td>发展等级</td><td>特征10分</td><td colspan="4">1. 观点深刻:(1)透过现象深入本质;(2)揭示事物内在的因果关系;(3)观点具有启发作用
2. 表现力强:(4)立意高远;(5)材料丰富;(6)论据充足;(7)论证严密
3. 有文采:(8)用词准确;(9)句式灵活;(10)善用修辞;(11)文句富有表现力
4. 有创意:(12)见解新颖;(13)材料新鲜;(14)构思新巧;(15)推理想象有独到之处;(16)有个性特征</td></tr>
</table>

说明:

(1)基础等级项,要兼顾"内容"与"表达"两个方面。"题意"项以符合所给材料的内容为准。

(2)发展等级项,不求全面,可根据"特征"4项16点中若干突出点按等级评分。

(3)错别字、标点错误每处扣1分,最多扣3分。

综合素质（幼儿园）全真模拟与预测试题 4
参考答案

一、单项选择题（本大题共 29 小题，每小题 2 分，共 58 分）

1—5　ACBBB　　　6—10　DADDA　　　11—15　BDACC
16—20　DCBAA　　21—25　CDAAC　　　26—29　CADB

二、材料分析题（本大题共 3 小题，每小题 14 分，共 42 分）

30.
(1) 材料中，两位教师的言论是错误的。(2分)

(2) 作为教师，应坚持育人为本，应把幼儿看作是处于发展中的人，是具有发展潜力的人，每个幼儿都具有不断向上发展的内驱力。教师应以发展的眼光看待幼儿，强调积极、正向的生命意涵，促进幼儿健康、持续和富有个性地发展。乙老师的行为没有把幼儿当作发展中的人，基于幼儿当前的表现就给幼儿贴上固定的标签。(4分)

(3) 素质教育观认为，教师应全面看待幼儿，不能孤立地、片面地只强调幼儿某方面的发展，忽视幼儿的整体和谐发展。教师应善于发现每个幼儿的特点，杜绝只重智力而忽视幼儿德育、体育的片面做法。教师要尊重幼儿的感受，调动幼儿学习的积极性和能动性，鼓励幼儿的创造性。材料中的两位教师一致用智育这个片面的观点去衡量、评价两个幼儿，这没有全面地看待幼儿。(4分)

(4) 教师职业道德要求教师公平、公正地看待幼儿。每个幼儿都是一个独特的生命体，因而各具特点，所以教育者不能因家庭背景等因素把幼儿分成三六九等，而应做到公平、公正地对待每一位幼儿，教师应一视同仁。材料中的这两位教师因幼儿父母的文化程度而断定两个幼儿的发展，这就是区别看待幼儿的表现。而这种观点带到实际教育中，会因为偏见意识而严重影响幼儿的健康成长。(4分)

31.
(1) 材料中教师的行为存在的问题主要有：

① 没做到关爱学生。该教师显然没有做到尊重学生人格，以及不讽刺、挖苦、歧视学生。(2分)

② 没做到教书育人。儿童上课"违反"纪律，就训斥家长，而不是对儿童循循善诱，诲人不倦，因材施教。(2分)

③ 没做到为人师表。这要求教师严于律己、以身作则、语言规范、举止文明、尊重家长。该教师显然在自我约束、语言修养、对待家长的态度上都有所失范。(2分)

危害：导致教师与家长关系难以正常发展；使家长对与教师的联系逐渐失去兴趣和主动，进而切断与教师的联系；对儿童的教育问题不能很好地与家长交流和沟通，使家长在教师的鄙视、冷漠下不能主动参与教育。(2分)

(2) 与家长应有的关系

① 主动。班主任要积极主动地与家长建立联系。(2分)

② 尊重。尊重家长，不要伤害家长的感情。在交往过程中，要理解家长对子女的爱护，而不能

形成单纯地指责家长或向家长"告状"。(2分)

③ 及时。幼儿的成长是一个动态性很强的过程。幼儿的思想和学习无时无刻不在变化,班主任与家长必须及时沟通,了解、掌握幼儿的最新情况。(2分)

32.

(1)"未果之花"的字面意思是还没有结出果实的花朵,在本段中喻指没有实现自己的理想抱负、怀才不遇的落魄之人。(3分)

(2)作者描写石榴树花果满枝的景象,既是突出了石榴花的美丽,也是为下文写落花的无私奉献精神做铺垫,有力地表达了主题。(5分)

(3)① 它为花蕊挡风遮雨,传送花粉,孕育新生;(2分)② 它不留恋枝头的繁华,也不夸耀自己的功绩;(2分)③ 它落而无憾,又在准备滋养明年的花。(2分)

(言之有理即可,酌情给分。)

三、写作题(本大题1小题,50分)

33.

分数		20—16分	15—11分	10—6分	5—1分
基础等级	内容 20分	符合题意 中心突出 内容充实 思想健康	符合题意 中心突出 内容较充实 思想健康	基本符合题意 中心基本突出 内容单薄 思想基本健康	偏离题意 中心不明确 内容不当 思想不够健康
	表达 20分	符合文体要求 结构严谨 语言流畅	符合文体要求 结构完整 语言通顺	基本符合文体要求 结构基本完整 语言基本通顺	不符合文体要求 结构混乱 语句不通
发展等级	特征 10分	1. 观点深刻:(1)透过现象深入本质;(2)揭示事物内在的因果关系;(3)观点具有启发作用 2. 表现力强:(4)立意高远;(5)材料丰富;(6)论据充足;(7)论证严密 3. 有文采:(8)用词准确;(9)句式灵活;(10)善用修辞;(11)文句富有表现力 4. 有创意:(12)见解新颖;(13)材料新鲜;(14)构思新巧;(15)推理想象有独到之处;(16)有个性特征			

说明:

(1)基础等级项,要兼顾"内容"与"表达"两个方面。"题意"项以符合所给材料的内容为准。

(2)发展等级项,不求全面,可根据"特征"4项16点中若干突出点按等级评分。

(3)错别字、标点错误每处扣1分,最多扣3分。

综合素质（幼儿园）全真模拟与预测试题5
参考答案

一、单项选择题（本大题共29小题，每小题2分，共58分）

1—5　BBABC　　　6—10　DADDA　　　11—15　DCABA
16—20　ADBBA　　21—25　BDDAD　　　26—29　ADCD

二、材料分析题（本大题共3小题，每小题14分，共42分）

30.
（1）该教师的做法违背了育人为本的教育观。育人为本就是要以幼儿的发展为核心，充分尊重、关心、理解每个幼儿，创造更美好的环境，为他们的健康成长打下基础。该材料中这位教师认为孩子没有向她汇报，而且她已经把孩子交给家长，就推卸责任，实在不应该。教师应本着育人为本的教育观，让家长明白这样的纠纷只会伤害孩子，并积极化解矛盾。(7分)

（2）这样的做法不符合教师观的要求。教师是幼儿发展的指导者与养护者。教师作为"指导者"，在幼儿遇到障碍和不解时，应引导他们找到最佳的解决办法；教师作为"养护者"，应负责幼儿的安全，呵护其身心健康成长。材料中面对幼儿之间的矛盾，教师应主动引导两位幼儿自主地处理问题。当家长之间发生冲突时，教师应迅速有效地从中调解，引导他们解决矛盾。(7分)

31.
程老师的做法不对，她违反了爱岗敬业、关爱幼儿、教书育人、为人师表的教师职业道德。(2分)

（1）爱岗敬业。教师要对工作高度负责，认真备课上课，认真辅导幼儿，不得敷衍塞责。材料中程老师却对幼儿失去了耐心，采取了贴胶带的极端做法，违背了爱岗敬业的职业道德。(3分)

（2）关爱幼儿。教师要关心爱护全体幼儿，尊重幼儿人格，平等、公正地对待幼儿；对幼儿严慈相济，做幼儿的良师益友；保护幼儿安全，关心幼儿健康，维护幼儿权益。而程老师体罚幼儿的做法，没有做到尊重幼儿，违背了关爱幼儿的职业道德。(3分)

（3）教书育人。教书育人是教师的天职，教师必须做到在传授知识的同时，注意实施素质教育；根据幼儿的差异因材施教，最终达到促进幼儿全面发展的目的。而程老师却以"不想上音乐课，就别唱了"为借口体罚幼儿，这违背了教书育人的职业道德。(3分)

（4）为人师表。教师要坚守高尚情操，知荣明耻，严于律己，以身作则，在各个方面率先垂范，做幼儿的榜样，以自己的人格魅力和学识魅力影响学生。程老师粗鲁的做法没有为幼儿树立良好的榜样，违背了为人师表的职业道德。这不仅对丁丁的身心造成了极大伤害，还刺激了其他幼儿的暴力心理，对他们的身心发展也不利。(3分)

32.
（1）① 孤独的脚步声表明作者一步步地走近住所，暗示了环境的幽深。(3分)
② 表明在新的生活环境里，马缨花无论何时都充满生机，就像作者喜悦幸福的心情。(3分)

（2）①"光与影的对比"是指新旧时代马缨花的对比；②"光"中的马缨花长在阳光下，充满了生

机和活力；③"影"中的马缨花长在阴森凄苦的深院里，给苦闷、寂寞的作者以心灵的慰藉。（4分）

寓意：① 马缨花是作者在新旧时代情感寄托的载体；② 作者通过写对马缨花感情的变化，表现出心情和生活态度的变化。（4分）

三、写作题（本大题1小题，50分）

33.

分数		20—16分	15—11分	10—6分	5—1分
基础等级	内容20分	符合题意 中心突出 内容充实 思想健康	符合题意 中心突出 内容较充实 思想健康	基本符合题意 中心基本突出 内容单薄 思想基本健康	偏离题意 中心不明确 内容不当 思想不够健康
	表达20分	符合文体要求 结构严谨 语言流畅	符合文体要求 结构完整 语言通顺	基本符合文体要求 结构基本完整 语言基本通顺	不符合文体要求 结构混乱 语句不通
发展等级	特征10分	1. 观点深刻：(1)透过现象深入本质；(2)揭示事物内在的因果关系；(3)观点具有启发作用 2. 表现力强：(4)立意高远；(5)材料丰富；(6)论据充足；(7)论证严密 3. 有文采：(8)用词准确；(9)句式灵活；(10)善用修辞；(11)文句富有表现力 4. 有创意：(12)见解新颖；(13)材料新鲜；(14)构思新巧；(15)推理想象有独到之处；(16)有个性特征			

说明：

（1）基础等级项，要兼顾"内容"与"表达"两个方面。"题意"项以符合所给材料的内容为准。

（2）发展等级项，不求全面，可根据"特征"4项16点中若干突出点按等级评分。

（3）错别字、标点错误每处扣1分，最多扣3分。

综合素质（幼儿园）全真模拟与预测试题 6
参考答案

一、单项选择题(本大题共 29 小题,每小题 2 分,共 58 分)

1—5　CABDA　　　6—10　BBCAC　　　11—15　BDDDC
16—20　ACDBC　　21—25　BACDB　　26—29　DCBA

二、材料分析题(本大题共 3 小题,每小题 14 分,共 42 分)

30.
邓老师的保育教育行为主要做到了以下几个方面：
(1) 捕捉教育机会,利用偶发事件进行素质教育。
金鱼死了是个偶发事件,但老师利用这个事件进行科学常识教育,充分利用了偶发事件的教育价值,提高了幼儿的科学素质。
(2) 因势利导,充分发挥幼儿的主观能动性。
利用金鱼事件,引导幼儿进行讨论,寻找金鱼的死因和科学的喂养方式。
(3) 育人为本,做幼儿探究活动的引导者。
从育人为本的儿童观出发,引导幼儿进行活动探索。
(每小点 4 分,展开说明共占 2 分)

31.
徐老师的保育教育行为主要做到了以下几个方面：
(1) 关心爱护幼儿,不歧视幼儿,保护幼儿的人格尊严。
晓天来自单亲家庭,徐老师并没有歧视他,做到了关爱学生,保护了晓天的尊严。
(2) 尊重幼儿,注重家园合作。
针对实际情况,徐老师联合家长对晓天进行指导,做到了家园合作。
(3) 因材施教,耐心辅导和教育幼儿。
根据晓天的特殊情况,徐老师运用各种方法,在生活上、学习上、交往过程中都给予了辅导和教育。
(每小点 4 分,展开说明共占 2 分)

32.
(1) 冰盖上的湖泊与普通湖泊的差别如下：
第一,普通湖泊的水体由天然水积蓄而成,冰盖上的湖泊的水体则由融冰形成；
第二,普通湖泊,人们可以畅游其中,而冰盖上的湖泊则不能；
第三,普通湖泊的水很难快速消失,而冰盖上的湖泊里的水体能在极短时间内消失不见。
(2) 冰盖上的湖泊可能产生的影响如下：
第一,湖泊的突然排空会加速冰盖向海洋迁移的作用；
第二,冰盖融冰形成的湖泊可以加速冰盖的融化；

第三,气候持续变暖会使湖泊经常排空,并在更大范围的冰盖上出现,会加速冰盖的崩解;

第四,冰盖上的湖泊的颜色与它们的深度有关;

第五,冰盖上的湖泊会导致海平面上升。

三、写作题(本大题1小题,50分)

33.

<table>
<tr><th colspan="2">分数</th><th>20—16分</th><th>15—11分</th><th>10—6分</th><th>5—1分</th></tr>
<tr><td rowspan="2">基础等级</td><td>内容20分</td><td>符合题意
中心突出
内容充实
思想健康</td><td>符合题意
中心突出
内容较充实
思想健康</td><td>基本符合题意
中心基本突出
内容单薄
思想基本健康</td><td>偏离题意
中心不明确
内容不当
思想不够健康</td></tr>
<tr><td>表达20分</td><td>符合文体要求
结构严谨
语言流畅</td><td>符合文体要求
结构完整
语言通顺</td><td>基本符合文体要求
结构基本完整
语言基本通顺</td><td>不符合文体要求
结构混乱
语句不通</td></tr>
<tr><td>发展等级</td><td>特征10分</td><td colspan="4">1. 观点深刻:(1)透过现象深入本质;(2)揭示事物内在的因果关系;(3)观点具有启发作用
2. 表现力强:(4)立意高远;(5)材料丰富;(6)论据充足;(7)论证严密
3. 有文采:(8)用词准确;(9)句式灵活;(10)善用修辞;(11)文句富有表现力
4. 有创意:(12)见解新颖;(13)材料新鲜;(14)构思新巧;(15)推理想象有独到之处;(16)有个性特征</td></tr>
</table>

说明:

(1) 基础等级项,要兼顾"内容"与"表达"两个方面。"题意"项以符合所给材料的内容为准。

(2) 发展等级项,不求全面,可根据"特征"4项16点中若干突出点按等级评分。

(3) 错别字、标点错误每处扣1分,最多扣3分。

综合素质（幼儿园）全真模拟与预测试题 7
参考答案

一、单项选择题（本大题共 29 小题，每小题 2 分，共 58 分）

1—5　DDDCC　　6—10　BDDAB　　11—15　DCCCA
16—20　CCBCD　　21—25　DBACD　　26—29　BACB

二、材料分析题（本大题共 3 小题，每小题 14 分，共 42 分）

30.
（1）刘老师的教育行为体现了幼儿园教育的生活性原则，将教育寓于一日生活中。
刘老师用儿童喜闻乐见的老虎来引导幼儿吃饭，让幼儿模仿老虎"嘴巴张得大，牙齿咬得快，一会饭菜吃光光！"而学会张嘴和咀嚼吞咽的吃饭习惯，将教育活动融合在一日生活中。
（2）刘老师结合幼儿年龄特点开展教育，体现了直观形象性与游戏性的教学原则。
托班幼儿的思维具有直观形象性，刘老师用"老虎"来开展教育，符合幼儿的年龄特点，而且形象生动，幼儿在玩老虎吃饭的过程中完成吃饭，使吃饭变成一件享受的事。
（3）热爱幼儿，尊重幼儿。根据幼儿的个性差异进行因材施教。
刘老师尊重幼儿，所以能够细心地观察每个幼儿的情况，并根据幼儿的个别差异给予帮助与指导。她以促进幼儿发展为目标，通过游戏培养幼儿吃饭以及保持清洁卫生的良好习惯。
（每小点 4 分，共 12 分。展开说明共 2 分）

31.
（1）爱岗敬业，认真负责。
馨馨午睡时总是睡不着，黄老师通过耐心说教、家庭配合、增加幼儿运动量、午睡不催促等策略，终于使馨馨每天中午都能睡得很香了。
（2）关爱幼儿，耐心爱心。
黄老师关爱幼儿，当馨馨睡不着时轻轻地说："没关系，如果睡不着就闭上眼睛躺一会儿吧！"等她睡着后，在她枕头下藏着一个小红花，等她醒来，给她一个惊喜……
（3）家园合作，主动沟通。
黄老师主动与家长联系，让家长保证馨馨在家里早睡早起，以保证养成良好的午睡习惯。
（每小点 4 分，共 12 分。展开说明占 2 分）

32.
（1）"这"指的是：
① 他能设计出最好的乐式；
② 给乐式注入惊人的活力和激情，包括产生于一定思想、信念的那种最高的激情。
（2）
① 巴赫：只讲究乐式，如他的序曲，精美动听。
② 莫扎特：既讲究乐式，又表达感情，如他的《天神交响乐》的最后一章，从头到尾交织着一种不

寻常的悲伤之美。

③贝多芬：把音乐完全用作表现心情的手段，完全不把设计乐式本身作为目的，如他的《英雄交响乐》一开始使用了几个漂亮的乐式，但这些乐式被赋予了巨大的内在力量，到了乐章的中段，这些乐式就全被不客气地打散了，使人听不出在感情的风暴下竟还有什么乐式存在。

三、写作题（本大题1小题，50分）

33.

分数		20—16分	15—11分	10—6分	5—1分
基础等级	内容20分	符合题意 中心突出 内容充实 思想健康	符合题意 中心突出 内容较充实 思想健康	基本符合题意 中心基本突出 内容单薄 思想基本健康	偏离题意 中心不明确 内容不当 思想不够健康
	表达20分	符合文体要求 结构严谨 语言流畅	符合文体要求 结构完整 语言通顺	基本符合文体要求 结构基本完整 语言基本通顺	不符合文体要求 结构混乱 语句不通
发展等级	特征10分	1. 观点深刻：(1)透过现象深入本质；(2)揭示事物内在的因果关系；(3)观点具有启发作用 2. 表现力强：(4)立意高远；(5)材料丰富；(6)论据充足；(7)论证严密 3. 有文采：(8)用词准确；(9)句式灵活；(10)善用修辞；(11)文句富有表现力 4. 有创意：(12)见解新颖；(13)材料新鲜；(14)构思新巧；(15)推理想象有独到之处；(16)有个性特征			

说明：

(1) 基础等级项，要兼顾"内容"与"表达"两个方面。"题意"项以符合所给材料的内容为准。

(2) 发展等级项，不求全面，可根据"特征"4项16点中若干突出点按等级评分。

(3) 错别字、标点错误每处扣1分，最多扣3分。

综合素质（幼儿园）全真模拟与预测试题 8
参考答案

一、单项选择题（本大题共 29 小题，每小题 2 分，共 58 分）

1—5	CDAAD	6—10	BABCD	11—15	DDBCC
16—20	ACACC	21—25	DCDAA	26—29	CBCB

二、材料分析题（本大题共 3 小题，每小题 14 分，共 42 分）

30.
王老师的做法值得所有教师借鉴和学习，符合素质教育观的教育理念。

（1）王老师的行为体现了素质教育是以培养幼儿的创新精神和实践能力为重点的教育。创新教育是素质教育的核心，在教育活动中，要求教师培养幼儿的创新精神和实践能力。材料中的王老师在这次活动中，自始至终都没有像传统教育观中的教师那样，束缚幼儿的手脚和思维，对幼儿进行填鸭式知识灌输，自己动手进行强加性的操作，而是引导幼儿主动探索、观察，让他们成为学习活动的主人。

（2）王老师确立幼儿学习的主体地位。在活动中，王老师始终以幼儿为中心，在幼儿游戏观察探索实践的基础上进行指导。

（3）王老师根据幼儿在搭建区的表现进行因材施教实施启发教学。王老师采用各种教育方法，变"注入"教育为"启发"教育，激发幼儿的学习兴趣，引导幼儿动脑、动手、动口。材料中的王老师激发幼儿亲自动手实践，使幼儿主动、活泼、愉快地学习和活动，培养了幼儿良好的行为习惯。

总之，王老师的行为促进了幼儿生动、活泼、主动地发展，通过实践活动培养了幼儿的良好习惯，很好地贯彻了素质教育的教育观。

31.
材料中，李老师践行的职业道德规范如下：

（1）关爱学生。君君洒了牛奶，李老师没有责备他，而是帮助君君擦桌子，体现了李老师对幼儿的关爱。

（2）以身作则、为人师表。李老师挽起袖子拿了抹布擦桌子，引起君君的效仿，体现了李老师的以身作则、为人师表。

（3）根据幼儿兴趣和需要进行因材施教。李老师看到孩子们对睡莲兴趣浓厚，教育孩子们不能随意摘取植物园的植物，并且答应去市场买两盆睡莲，下周一带去幼儿园供幼儿观察，说明李老师关注幼儿的兴趣，意识到兴趣对幼儿的发展价值，同时也注意培养幼儿的良好品行，这体现了李老师的教书育人。

总之，李老师的行为体现了崇高的教师职业道德，这种精神值得大力弘扬，值得每位教师学习。

32.
（1）"此"是指：
① 文学批评日益商业化和世人化。（2分）

② 文学批评的末日为期不远了。(2分)
(2) 当下文学批评存在的弊端主要有：
① 文学批评往往被媒体和市场所左右。(2分)
② 存在太多的大而无当的赞扬与恣肆恶意的攻击,很难听到真正批评的声音。(2分)
③ 一些处于边缘地位的作家作品不被关注,而这些作家和作品往往有一些特别的内容。(2分)
④ 具有学术良知、生存尊严和批评真理的文学批评少之又少。(2分)
⑤ 文学批评灵魂缺失与精神萎缩。(2分)

三、写作题(本大题1小题,50分)

33.

分数		20—16分	15—11分	10—6分	5—1分
基础等级	内容 20分	符合题意 中心突出 内容充实 思想健康	符合题意 中心突出 内容较充实 思想健康	基本符合题意 中心基本突出 内容单薄 思想基本健康	偏离题意 中心不明确 内容不当 思想不够健康
	表达 20分	符合文体要求 结构严谨 语言流畅	符合文体要求 结构完整 语言通顺	基本符合文体要求 结构基本完整 语言基本通顺	不符合文体要求 结构混乱 语句不通
发展等级	特征 10分	1. 观点深刻：(1)透过现象深入本质；(2)揭示事物内在的因果关系；(3)观点具有启发作用 2. 表现力强：(4)立意高远；(5)材料丰富；(6)论据充足；(7)论证严密 3. 有文采：(8)用词准确；(9)句式灵活；(10)善用修辞；(11)文句富有表现力 4. 有创意：(12)见解新颖；(13)材料新鲜；(14)构思新巧；(15)推理想象有独到之处； (16)有个性特征			

说明：

(1) 基础等级项,要兼顾"内容"与"表达"两个方面。"题意"项以符合所给材料的内容为准。
(2) 发展等级项,不求全面,可根据"特征"4项16点中若干突出点按等级评分。
(3) 错别字、标点错误每处扣1分,最多扣3分。

综合素质(幼儿园)全真模拟与预测试题9
参考答案

一、单项选择题(本大题共29小题,每小题2分,共58分)

| 1—5 | DCBCB | 6—10 | BDCAA | 11—15 | DABCD |
| 16—20 | ACBAC | 21—25 | CDABD | 26—29 | DABD |

二、材料分析题(本大题共3小题,每小题14分,共42分)

30.

刘老师的教育行为体现了"育人为本"和"全面发展"的儿童观。

(1)尊重儿童,促进儿童人格发展。当孩子们提出改变游戏规则时,刘老师并没有制止或批评他们,而是同意他们的提议,改变了游戏的规则。这体现出刘老师尊重儿童的人格,平等对待儿童,注重培养儿童的求知欲、学习的积极性、发散的思维能力和动作协调能力,以适当的教学活动,促进儿童身心健康发展。刘老师促进儿童富有个性、自主的人格发展,实质上是为儿童一生打下了坚实的基础。刘老师采取恰当的方法组织儿童活动,促进儿童在愉快的活动中健康成长,使儿童在玩中学、学中玩的同时,发展了他们的想象力、创造力,促进儿童健全人格的形成。

(2)挖掘儿童潜能,促进儿童全面发展。当游戏规则改变后,更能吸引儿童的注意力,儿童做了很多平时没有做过的动作,发展了儿童的反应能力、想象能力和创造能力,使儿童的智力得到进一步提高。轻松的教学活动为儿童带来欢乐的同时,使其感受美的存在,满足了儿童全面发展的需要。

31.

赵老师的教育行为符合教师职业道德规范,值得广大教师学习。

(1)赵老师的做法践行了终身学习这一教师职业的基本道德规范。终身学习要求教师要树立优良的学风,刻苦钻研业务,不断学习新知识,勇于探索教育科学规律,改进教育教学方法,提高教育教学水平。材料中,赵老师攻读硕士研究生,不断提升自己的教育教学水平,他在教学和科研等方面均做出了突出成绩。

(2)赵老师的做法践行了爱岗敬业的职业道德。爱岗敬业要求教师忠诚于教育事业,志存高远,勤恳敬业,甘为人梯,乐于奉献。对工作高度负责,认真备课上课,认真批改作业,认真辅导学生,不得敷衍塞责。材料中,赵老师兢兢业业,认真研究,认真教学,多次被评为优秀教师。

(3)赵老师的做法体现了为人师表的职业道德,能够坚守高尚的情操,严于律己,以身则,每天利用业余时间提高自己的修养和素质。

因此,作为教师,要遵守教师职业道德,认真负责,要不断提升自己的知识水平和教学能力,才能更好地促进学生的发展。

(每小点4分,共12分,条理清楚占2分)

32.

(1)

① 艺术创作既需要重复,也需要变化。(2分)

② 只有重复而无变化,作品就必然单调枯燥;只有变化而无重复,就容易陷于散漫零乱。(2分)
(2)
① "千篇一律"指的是建筑中的"重复","千变万化"指的是建筑中的"变化",一个成功的建筑就是"重复"与"变化"的结合。(4分)
② 北京故宫的朝房、太和门和太和殿、中和殿、保和殿、后三殿都是大同小异的重复;整个故宫中,每一个组群,每一个殿、阁、廊、门却全部都是按照明清两朝工部的"工程做法"的统一规格、统一形式建造的,连彩画、雕饰也尽如此,都是无尽的重复。(3分)
③ 然而每走几步,前瞻后顾、左睇右盼,那整个景色的轮廓、光影,却都在不断地改变着;一个接着一个新的画面出现在周围,千变万化。空间与时间、重复与变化的辩证统一在北京故宫中达到了最高的成就。(3分)

三、写作题(本大题1小题,50分)

33.

分数		20—16分	15—11分	10—6分	5—1分
基础等级	内容20分	符合题意 中心突出 内容充实 思想健康	符合题意 中心突出 内容较充实 思想健康	基本符合题意 中心基本突出 内容单薄 思想基本健康	偏离题意 中心不明确 内容不当 思想不够健康
	表达20分	符合文体要求 结构严谨 语言流畅	符合文体要求 结构完整 语言通顺	基本符合文体要求 结构基本完整 语言基本通顺	不符合文体要求 结构混乱 语句不通
发展等级	特征10分	1. 观点深刻:(1)透过现象深入本质;(2)揭示事物内在的因果关系;(3)观点具有启发作用 2. 表现力强:(4)立意高远;(5)材料丰富;(6)论据充足;(7)论证严密 3. 有文采:(8)用词准确;(9)句式灵活;(10)善用修辞;(11)文句富有表现力 4. 有创意:(12)见解新颖;(13)材料新鲜;(14)构思新巧;(15)推理想象有独到之处;(16)有个性特征			

说明:
(1) 基础等级项,要兼顾"内容"与"表达"两个方面。"题意"项以符合所给材料的内容为准。
(2) 发展等级项,不求全面,可根据"特征"4项16点中若干突出点按等级评分。
(3) 错别字、标点错误每处扣1分,最多扣3分。

综合素质（幼儿园）全真模拟与预测试题10
参考答案

一、单项选择题(本大题共29小题,每小题2分,共58分)

1—5　BCBAA　　　6—10　DCCAB　　　11—15　CAAAA

16—20　ADADD　　21—25　BCCAD　　26—29　BCDB

二、材料分析题(本大题共3小题,每小题14分,共42分)

30.

(1) 素质教育,教育与生活相结合,体现了寓幼儿园教育于一日生活中。

刘老师通过组织幼儿对两杯水进行观察,通过幼儿自己的生活体验,让他们明白了饭后漱口的重要性。

(2) 以人为本,强调幼儿学习的感知体验性。

刘老师没有讲饭后漱口有多重要,而是通过幼儿自己的体验,帮助他们发现漱口水已经变臭了,进而引导幼儿养成了饭后漱口的好习惯。

(3) 保教结合,寓教于保。

饭后漱口是保育活动,但刘老师抓住这个契机开展教育活动,结果幼儿饭后漱口再也不用老师提醒了。

(每小点4分,共12分,展开说明占2分)

31.

(1) 关爱学生,对所有的幼儿一视同仁。

多一块蛋糕,并不是通过有目的的选择,而是随手给了莉莉。当引起其他小朋友的不满时,马上进行补救,说明张老师并不是偏爱莉莉,而是对大家一视同仁。

(2) 爱岗敬业,细心耐心。

张老师细心观察,能从幼儿的反应中意识到自己行为的不合理性,说明张老师爱岗敬业。

(3) 因材施教。

张老师能够根据情境、自己的错误和改正错误的过程进行因材施教。当张老师发现自己的无心之举引起"风波"后,马上说"今天多的一块蛋糕老师给了莉莉,以后多出来的点心,老师会发给别的小朋友,大家轮流吃,你们说好吗?"平息了"风波"。

(4) 以身作则,为人师表。

当意识到幼儿们的复杂心态时,立即反思自己的教育行为,知道自己的"举动欠考虑,冷落了其他小朋友",进而立即纠正,使"孩子们脸上的复杂表情马上都消失了"。张老师反思自己的行为,知错就改,做到了以身作则。

(每小点3分,共12分。展开说明共2分)

32.

(1) 对西北高原的了解不是可以凭空想象的。要了解"西北高原"的意义,既要有宏观的把握,又要有身临其境的体察;既要从空中飞过,也要从地上走过,这样才能真正了解"西北高原"。在空中,你可以得到一个概括的印象;在地上走过,你才能切实地明白高原之所以为高原的原因。

(2)江南的雪若"柳絮因风起",带给人清灵俊逸的美感;西北的雪似空中"撒盐",带给人厚重、实在的感觉,它具有填平一切坎陷的力量,同时使人感到心境清凉而实在。

三、写作题(本大题1小题,50分)

33.

分数		20—16分	15—11分	10—6分	5—1分
基础等级	内容20分	符合题意 中心突出 内容充实 思想健康	符合题意 中心突出 内容较充实 思想健康	基本符合题意 中心基本突出 内容单薄 思想基本健康	偏离题意 中心不明确 内容不当 思想不够健康
	表达20分	符合文体要求 结构严谨 语言流畅	符合文体要求 结构完整 语言通顺	基本符合文体要求 结构基本完整 语言基本通顺	不符合文体要求 结构混乱 语句不通
发展等级	特征10分	1. 观点深刻:(1)透过现象深入本质;(2)揭示事物内在的因果关系;(3)观点具有启发作用 2. 表现力强:(4)立意高远;(5)材料丰富;(6)论据充足;(7)论证严密 3. 有文采:(8)用词准确;(9)句式灵活;(10)善用修辞;(11)文句富有表现力 4. 有创意:(12)见解新颖;(13)材料新鲜;(14)构思新巧;(15)推理想象有独到之处;(16)有个性特征			

说明:

(1)基础等级项,要兼顾"内容"与"表达"两个方面。"题意"项以符合所给材料的内容为准。

(2)发展等级项,不求全面,可根据"特征"4项16点中若干突出点按等级评分。

(3)错别字、标点错误每处扣1分,最多扣3分。

保教知识与能力(幼儿园)
全真模拟与预测试题 1—10 参考答案

保教知识与能力（幼儿园）全真模拟与预测试题1
参考答案

一、单项选择题(本大题共 10 小题,每小题 3 分,共 30 分)

1—5　DBACA　　6—10　BAABB

二、简答题(本大题共 2 小题,每小题 15 分,共 30 分)

11.
（1）游戏满足了幼儿身体发展的需要。
（2）游戏满足了幼儿智力发展的需要。
（3）游戏满足了幼儿情绪和社会性发展的需要。
（4）游戏满足了幼儿情感和个性发展的需要。
（5）游戏满足了幼儿语言和认知发展的需要。

12.
（1）有利于幼儿适应幼儿园生活。
（2）有利于幼儿的心理健康与创造力的形成。
（3）有利于幼儿形成良好个性,适应社会生活。
（4）有利于幼儿园员工的健康成长与发展。

三、论述题(本大题 1 小题,20 分)

13.
（1）面向全体、尊重差异是学前教育的基本原则。王老师偏爱王小艳而冷落张小明,违背了面向全体、尊重差异的教育原则。
（2）保育教育活动要面向全体儿童,不能让一个儿童落伍。在保教活动过程中,教师要充分尊重每个儿童的差异和需要,有针对性地进行个别教育,实施因材施教。而王老师不给张小明任何发言的机会,大大打击了张小明的学习积极性。
（3）发展适宜性是学前教育的另一条基本原则。这条原则要求为每个儿童提供适合其年龄特点和个别差异的课程及教育教学实践。它包括两层含义:一是年龄适宜性;二是个体适宜性。既然张小明活泼好动,那么就应该多给他一些动手和发言的机会,而不是经常"生气"。
（4）教育必须面向每个儿童,使每个儿童都能达到教育目标的要求。教师要保证每个儿童在幼儿园里有同等的受教育机会,必须平等地、一视同仁地对待所有的儿童。

四、材料分析题(本大题共 2 小题,每小题 20 分,共 40 分)

14.
（1）材料中教师的行为是不适宜的。该老师没有了解幼儿情绪具有易冲动性、不稳定性、外露性的特点,造成所采取的控制幼儿情绪的方法无效。
（2）帮助幼儿控制情绪的有效方法有以下几种：
① 转移法：用幼儿喜爱的玩具、食物来转移他的注意力,从而使他停止哭泣。
② 倾诉法：教师亲切地询问幼儿为什么哭泣,引导幼儿说出哭泣的原因,疏导其消极情绪。
③ 镇静法：教师放一些舒缓的音乐让幼儿听,让幼儿单独待一会儿。

15.
（1）对 A、B 两位老师的评价
① A、B 两位老师的教育观点存在偏差。
② 家园合作是幼儿园与家庭两个方面的事情,目的是为了构建一个促进儿童发展的良好环境。在构建过程中,幼儿园负有更多的责任。
③ 幼儿园有责任与家长进行沟通,寻找协调一致的儿童教育方法。具体要做到：第一,帮助家长提高科学育儿的水平,树立正确的教育观念;第二,帮助家长创设良好的家庭教育环境;第三,组织家长参与幼儿园教育,形成教育合力;第四,努力实现家园良好互动,能够真正地与家庭教育相结合。
④ A、B 两位老师只一味地指责家长不配合,而不问问自己应该做什么;只图自己省事,而不知与家长进行沟通;只抱怨幼儿表现不良,而不知如何去引导……这些都是不负责任的表现,也是教师素养欠佳的表现。

（2）家园合作的意义
家园合作是指幼儿园和家庭都把自己当作促进儿童发展的主体,双方积极主动地相互了解、相互配合、相互支持,通过幼儿园与家庭的双向互动,共同促进儿童的身心发展。
① 家园合作有利于儿童身心健康发展。
幼儿园和家庭是学前儿童生活和学习的两个重要环境,只有两者对儿童施加的教育影响一致才能形成教育合力,才能促进儿童的发展。
② 家园合作能更好地指导、改进家庭教育。
幼儿园与幼儿园教师有责任、有义务去唤起家长的主人翁意识,指导并帮助他们解决在育儿过程中出现的疑惑与困难,激发他们积极合作的态度,从而提高家庭教育的质量。
③ 家园合作有利于幼儿园的教育工作。
家园合作能使家长了解幼儿园教育的内容,理解幼儿园教育的原则和方法,他们也就会更加支持幼儿园的教育工作。幼儿园的一切教育,如果得到家长的支持配合,就可以更加顺利地实施并取得良好的教育效果。
④ 家园合作有利于良好亲子关系的建立。
家长在参与幼儿园的活动过程中更清楚如何与孩子沟通,从而发展成良好的亲子关系。

（3）存在的误区
① 对家园合作的目的不清楚。家园合作的目的是促进儿童的全面发展。
② 对家园合作的本质认识不清。认为家园合作就是家庭要配合幼儿园,家庭处于从属的地位。
③ 对家园合作的内容不明确。家园合作的内容是多方面的,既包括心智方面的,也包括道德情感方面的,还包括工作方式、方法方面……
④ 对家园合作的方法理解有偏差。家园合作的方式方法是多种多样的,既可以是老师给家长提建议,也可以是家长给老师提建议;幼儿园既可以向家长宣传儿童教育理念,也可以邀请家长参与幼儿园管理;既可以让家长参观幼儿园,也可以请家长直接参与幼儿园的教育活动……
⑤ 对家园合作的原则理解不到位。家园合作首先要遵守平等原则,幼儿园并不高人一等;其次

要遵守相互尊重与合作的原则;最后要遵守便利原则。

⑥对教育本质认识欠缺。家长认为既然把孩子送入幼儿园,那么教育孩子就是幼儿园的事;家长与教师"各司其职",在家归家长管,在幼儿园归老师管;教师是专业教育工作者,而家长们不懂教育。

五、活动设计题(本大题1小题,30分)

16.
(一)问题分析
(1)缺乏良好的洗手习惯。
(2)洗手方法不当,洗手能力欠缺。
(3)基本生活常规未形成。
(4)幼儿园的洗手设施设计不合理。
(二)工作目标
(1)让幼儿知道生活常规的重要性,人人都要遵守常规。
(2)让幼儿了解洗手的重要性,掌握洗手的正确方法。
(3)培养幼儿养成良好的卫生习惯和遵守生活常规的习惯。
(三)解决方法
(1)开展一日生活常规教育。
(2)运用讲解、示范、操作、比赛等活动对幼儿进行正确洗手的教育。
(3)教师要有良好的洗手习惯和正确的洗手程序,给幼儿做出良好的示范。
(4)与家长沟通,在家与在幼儿园做同样的洗手要求。
(5)改造幼儿园洗手设施,使其更合理。

保教知识与能力（幼儿园）全真模拟与预测试题 2 参考答案

一、单项选择题（本大题共 10 小题，每小题 3 分，共 30 分）

1—5　DAADB　　6—10　BCBBA

二、简答题（本大题共 2 小题，每小题 15 分，共 30 分）

11.
（1）从轻信成人的评价到自己独立的评价。
（2）从根据外部行为评价到对内心品质的评价。
（3）从笼统的评价到细致的评价。
（4）从片面性的评价到较全面性的评价。
（5）从过高评价自己到谦虚评价。
（此处未举例，考生可自行举例）

12.
（1）概念：
营养素是指各种食物所包含的维持和促进人体生长发育和健康所需要的营养成分，主要包括蛋白质、碳水化合物、脂肪、无机盐、维生素、水六大营养素。
（2）作用：
① 调节人体生理机能，使机体各组织器官正常协调地运转；
② 构成和更新人体细胞组织，促进生长发育，帮助人体合成激素抗体等重要物质；
③ 为人体提供热能，维持体温以及人体正常的生理功能，保证人体从事各种活动所需的能量。

三、论述题（本大题 1 小题，20 分）

13.
（1）幼儿是整体的人。
（2）学前教育的目的是促进儿童德、智、体、美全面发展。
（3）《3—6 岁儿童学习与发展指南》强调幼儿学习与发展的整体性原则。
《3—6 岁儿童学习与发展指南》从健康、语言、社会、科学、艺术五个领域描述了幼儿的学习与发展，每个领域在实施过程中都不是孤立的，儿童的发展是一个整体，应注重各领域目标间的相互渗透和相互整合，促进幼儿身心全面协调发展，而不应片面追求某一方面或几个方面的发展。
（此处未举例，考生可自行举例）

四、材料分析题(本大题共 2 小题,每小题 20 分,共 40 分)

14.
(1) 分析与评价
① 主题设计存在问题。
该主题设计与幼儿的生活经验相距较远。相对"开小汽车"而言,幼儿对"纸箱加工厂"并不是很熟悉,因而缺乏兴趣。
② 投放的材料存在问题。
投放材料时没有考虑到个体差异;材料比较单一;在发现幼儿的兴趣不高时,没有及时调整材料。
③ 教师的组织与指导存在问题。
游戏组织过程中缺乏相应的人数控制策略,发现问题后调整策略不当;指导时太过生硬,没能激发幼儿的参与兴趣;过程控制不当。

(2) 建议
① 调整主题内容与玩法。
"纸箱加工厂"这个主题可以不变,但内容与玩法可以适当调整。如改成用纸板做各种各样孩子们喜欢的包装盒或其他东西;在玩法上,可以采用比赛的方法等。
② 游戏材料重新调整。
教师要观察、评估每个幼儿的发展状况,根据教育目标为不同发展水平的幼儿提供不同层次的材料,避免提供过于单一、没有层次性的材料,让幼儿在与材料的"互动"中积累各种经验。
随着幼儿游戏水平的提高,要及时进行补充、调整游戏材料。根据幼儿的兴趣和需要,改进或摒弃不适合的材料,开发挖掘新材料,使投放的材料更具有针对性,更符合幼儿的发展水平。
③ 组织与管理策略调整。
要注意在游戏过程中发挥幼儿的创造性。在区域游戏中,要注意为幼儿提供丰富多彩的、具有启发性的活动材料,从而解放幼儿的头脑和手脚,给予幼儿足够的自由度,使幼儿充分地表现自我、勇于创新。
④ 指导策略调整。
游戏的指导要得当、适时、有针对性。在观察指导的时候,要给幼儿一定的空间去发挥,给他们宽松的环境去讲述他们的需求、困难等。要仔细倾听幼儿的"秘密",要站在幼儿的视角去思考、看问题,这样才能更有效地推进幼儿游戏。

15.
(1)
① 小虎的气质类型属于胆汁质。
② 因为胆汁质幼儿的气质特点是热情主动、精力旺盛,但情绪容易兴奋冲动,脾气多暴躁,行为易改变,缺乏耐性。

(2)
① 采取直截了当的方式进行教育,但不宜轻易激怒小虎,如果对他进行批评,要讲明道理并有说服力,要进行耐心的说服,尤其注意态度不能简单粗暴,避免矛盾激化。
② 要培养小虎的自制力、坚持到底的精神和豪放、勇于进取的个性品质。
③ 严格要求小虎遵守纪律,不能随意发脾气,更不能动手打人。要求小虎要遵守纪律,不能离开班集体,要一切行动听从指挥。
④ 给予小虎参加多种活动的机会,要培养其稳定的兴趣;在发展其朝气蓬勃、满腔热情的同时,

要针对他做事急躁马虎、粗心大意、虎头蛇尾进行针对性的教育。

五、活动设计题(本大题1小题,30分)

16.
幼儿园保育评价方案

(一)评价目的与评价原则

1. 评价目的

(1)通过评价,对幼儿的生长发育状况和托幼保育工作的实施情况做出一定价值判断。

(2)通过评价,指出幼儿园在保育工作中存在的某些问题并提出建议,帮助幼儿园改进这些方面的工作。

2. 评价原则

(1)全面性。

(2)定量评价与定性评价相结合。

(3)静态评价与动态评价相结合。

(二)评价内容与评价方法

1. 评价内容

(1)对幼儿的身体生长发育情况的评价。

(2)对幼儿心理发育情况的评价。

(3)对保育制度的评价,包括卫生制度评价、健康制度评价、生活制度评价、体弱儿保育制度评价。

(4)对保育设施的评价。

(5)对健康教育的评价,包括平衡膳食和合理营养、良好的生活规律和习惯、安全教育、预防接种、预防常见病、生长发育监测和心理卫生等。

(6)对保育人员的评价。

2. 评价方法

包括发育离差评价法、指数评价法、发育年龄评价法、发育百分位数评价法、相关回归评价法、谈话法、观察法、筛选检查法和诊断检查法。

(三)评价实施与组织工作

(1)评估负责人:园长总负责,科研组具体落实。

(2)评估成员:家庭委员会、老师和幼儿、社区相关人员。

(3)评估对象:全国幼儿。

(4)评估时间:每学期一次,一般在期末进行。

(5)实施时间:2017年度第二学期。

(6)经费来源:幼儿园办公经费。如家长需要特殊的测量,费用由家长自理。

(7)评价结果:供教师保育时使用,不能公开。如家长需要,可以得到自己孩子的信息,其他信息不能向任何其他人员泄露。

保教知识与能力（幼儿园）全真模拟与预测试题 3 参考答案

一、单项选择题（本大题共 10 小题，每小题 3 分，共 30 分）

1—5　ACAAB　　6—10　CDDCC

二、简答题（本大题共 2 小题，每小题 15 分，共 30 分）

11.
学前儿童常见的意外伤害事故的处理原则主要包括：
(1) 抢救生命。
(2) 防止残疾。
(3) 减少痛苦。

12.
(1) 加德纳的主要观点：
加德纳的多元智能理论认为，儿童在智能结构方面是存在差异的；每个人的智能是以不同的形式构成的；每个人都有优势智能和弱势智能，从而决定了个体的整体智能与其他人有所不同。
(2) 加德纳把人类的智能分为九种：
① 语言智能；
② 逻辑数学智能；
③ 空间智能；
④ 运动身体智能；
⑤ 音乐智能；
⑥ 人际关系智能；
⑦ 内省智能（自我觉知智能）；
⑧ 自然观察智能；
⑨ 生存智能。
(3) 教育启示：
① 教育就是要充分发挥每个人的优势智能，使优势智能成为个体的特长，同时要通过发展其弱势智能来促进其全面发展。
② 教师必须发现并尊重儿童的智能差异，从而确保保育教育工作的高效率和高质量。

三、论述题（本大题 1 小题，20 分）

13.
(1) 儿童心理发展观：
① 具有独特的心理胚胎期。人类有两个"胚胎"期：生理的胚胎期和心理的（或称精神的）

胚胎期。

② 心理具有吸引力。婴幼儿具有一种下意识的感受能力与特殊的鉴别能力,简称"吸收心理"。也就是说,儿童有一种自动成长的冲动。

③ 具有敏感期。儿童心理的发展有各种敏感期,过了特定的时期,其敏感性则会消失。

④ 发展具有阶段性。第一阶段:0—6 岁,是儿童个性形成的最重要时期;第二阶段:6—12 岁,是儿童增长学识和艺术才能,有意识的学习时期;第三阶段:12—18 岁,能根据自己的兴趣探索事物,能进行像对成人那样的宣传教育。

(2) 教育的目的与原则:

① 教育的目的。教育的目的在于发展儿童"生命的法则",帮助儿童发展生命,使每个儿童具有的天赋潜能在适宜的环境中得到自然的发展,在了解儿童的基础上促进儿童的全面发展。

② 教育的原则。教育的根本原则是使儿童获得自由,使儿童的天性得以自然地表现。具体的教育原则有环境教育原则、感观教育原则、自由原则,教师是儿童活动的观察者和指导者原则。

(3) 课程内容:

① 感觉教育。感觉教育在蒙台梭利教育体系中占有重要位置,也是她教育实验的主要内容。

② 语言教育。语言教育包括口头语言训练和简单的书写活动。

③ 纪律教育。纪律教育是蒙台梭利教育的重要组成部分,也是她为学前儿童设计的重要课程内容。

④ 数学入门教育。其内容主要包括:数数,数字练习,用书写符号表示数,数的记忆练习,从 1 到 20 的加减乘除法,10 以上的算术运算等。

四、材料分析题(本大题共 2 小题,每小题 20 分,共 40 分)

14.

(1) 幼儿游戏的特点:

① 自主性与自发性。游戏的形式、材料以及游戏的开始、结束都应由儿童自己掌握,按照儿童自己的意愿、体力、智力来进行。游戏是自发自愿的行为,不受外来目的和要求的约束。

② 兴趣性和愉悦性。儿童沉浸于游戏过程中而不追求什么明确的目的,没有心理压力和负担,所以儿童在游戏中总带有愉快的情绪体验。

③ 自由性和假想性。游戏是自由自在的,游戏过程中幼儿可以自由自在地表达自己的情绪。游戏情节的发展和角色的扮演、活动的方式和替代物的使用等,均借助想象来进行。

④ 具体性和过程性。游戏有主题、情节和角色,有实际的玩具和材料。游戏不是劳动,它没有实用的社会生产价值,不能直接创造财富。

⑤ 社会性和规则性。游戏的内容随着社会的发展而变化,是社会生活的侧影。尽管游戏是自由的,但参与游戏的幼儿都必须遵守相应的规则,否则游戏将很难顺利开展。

(2) 游戏指导原则:

① 游戏性优先原则。指在组织和指导游戏活动时,在游戏性、德育性、表演性、竞技性、科学性之间,要优先保障游戏特征的实现。

② 主体性原则。游戏活动的组织和指导要以幼儿为主体,充分发挥幼儿游戏的主动性、自由性,使幼儿成为游戏的主人。

③ 年龄适宜性原则。指游戏活动的组织和指导要尊重幼儿的年龄特点,不要"拔苗助长"。

④ 开放性原则。指游戏中教师的指导不要拘泥于固定的、既定的游戏计划和实施程序,而必须是开放的,根据幼儿的兴趣和需要进行灵活调整。

⑤ 情感积极性原则。指游戏活动的组织和指导中,要想方设法确保幼儿在游戏中体验到积极的情绪情感,避免消极情绪情感的产生。

⑥ 全面参与性原则。指在组织和指导游戏活动时,要尽可能让大多数幼儿能够参与,而不是旁观与等待。

⑦ 无奖励原则。指在组织和指导游戏时,不要为"赢者"提供奖品或奖赏。

⑧ 科学与想象整合原则。科学与想象并不是对立矛盾的关系。科学所坚持的精神是实事求是,但想象、幻想与求实同样重要。科学上任何发明和进步都离不开想象和幻想。

⑨ 创造性原则。指在游戏的指导过程中,要保护、维持和激发幼儿的创造性,而不要压制甚至扼杀其创造性。

(3) 评价:

① 该老师的做法违背了游戏的基本特点中的自主性与自发性、兴趣性与愉悦性。因为游戏角色是由老师选择的,幼儿没有选择权;游戏内容是老师规定的,幼儿没有发言权;游戏玩法是老师预设的,幼儿没有更改的权利;所以,幼儿没有兴趣,没到结束,就问老师"我们可以自己玩了吗?"

② 该老师的做法违背了游戏指导的基本原则中的主体性原则和全面参与原则。游戏主题、游戏内容、游戏形式都由老师决定,违背自主性原则。让三个幼儿扮演蝴蝶,若干幼儿演花朵,大部分幼儿只能旁观,违背了全面参与原则。

15.
(1) 来来是一个有自闭症倾向的小朋友。

自闭症,即孤独症,是一种广泛性发育障碍的代表性疾病,往往因脑功能异常而引发,常在3岁前出现。

(2) 症状表现:

① 社会交往障碍。自闭症患者对他人(包括亲人)普遍缺乏情感反应。来来与别的小朋友不交往,与老师也很少对话。

② 交流障碍。自闭症患者言语发育严重缺陷,不愿与人交谈。来来不和小朋友交流,很少讲话,即使讲话声音也很小。

③ 兴趣狭窄与刻板重复。自闭症患者极少对外界的事物、活动感兴趣,经常刻板、重复单一动作或游戏。来来对集体活动没有兴趣,经常自言自语重复一些单调的话:"妈妈呢?妈妈会来的,妈妈下班来接来来"等。

综合上面的现象,来来是一个可能患有自闭症的小朋友。

(3) 给李老师的建议:

① 观察来来的兴趣所在,引起来来的无意注意,让她服从一些简单的指令。

② 关爱来来,建立良好的师幼关系。

③ 给来来创造各种活动机会,使其与同伴建立良好的关系。

④ 可以建议家长带来来去医院进行医学治疗。

五、活动设计题(本大题 1 小题,30 分)

16.

磁铁的奥秘(中班)

(一)活动目标

(1)通过幼儿自身的探索活动,发现磁铁能吸住铁的物理特性;

(2)培养幼儿动手动脑的良好习惯及探索科学的兴趣。

(二)活动准备

(1)磁铁、小铁钉、曲别针、啤酒瓶盖、塑料积木、木块、纸、布、硬币、石块等;

(2)多媒体课件"滑动的小兔"。

(三)活动过程

1. 开始部分

(1)放课件,出示磁铁,认识磁铁。

(2)出示"滑动的小兔",请幼儿猜一猜,小兔为什么能在纸盒上滑来滑去。

(演示小兔在纸盒上滑动,激发幼儿的好奇心)

师:这是怎么回事?小兔怎么会滑动呢?(给幼儿充分自由发言的时间)

(3)教师展示磁铁。

师:如果我们换成别的,小兔还会滑动吗?

2. 基本部分

(1)师:小兔想和我们中一班的小朋友们交朋友,你们愿意吗?那好,小兔要请它的好朋友们去它家做客,它给小朋友们准备了好多好玩的东西,你可以自由玩一玩,看看你们能发现什么?

(2)幼儿自由摆弄物品,启发幼儿发现磁铁可以吸东西。

师:现在请把你的发现告诉大家。

(3)师:刚才小朋友们发现有的东西能吸起来,有的吸不起来,现在请你们再玩一玩。把磁铁吸起来的物品放在一个盘子里,把不能吸起来的放在另一个盘子里。

(4)填写观察记录表并提问:请你们说说,哪些东西可以吸起来?请在记录表中打"√",不能吸起来的打"×"。

师:吸起来的东西是用什么做成的?(铁制品)

师:哪些东西吸不起来?它们是不是铁做成的?

(5)教师小结:磁铁的好朋友是铁制品。

3. 结束部分

师:小朋友,今天天气真好,想和老师一起去钓鱼吗?拿上我们的小鱼竿钓鱼去喽!

教师与幼儿玩钓鱼游戏。

师:哇,小朋友都钓到了鱼,你们真棒!天色不早了,收好小鱼我们回家吧。

(四)活动延伸

(1)用磁铁试试幼儿园中哪些东西可以吸起来。

(2)回家后与爸爸妈妈一起试试磁铁的威力,并与同伴分享。

保教知识与能力(幼儿园)全真模拟与预测试题 4 参考答案

一、单项选择题(本大题共 10 小题,每小题 3 分,共 30 分)

1—5 BCBDC   6—10 CCADD

二、简答题(本大题共 2 小题,每小题 15 分,共 30 分)

11.
(1)幼儿集体教学的优点:
① 高效、经济、公平。
② 对幼儿学习和发展的引领性强。
③ 系统性强。
④ 形成学习共同体,培养集体感。
(2)幼儿集体教学的弊端:
① 集体教学的功能定位不准确,与日常生活和游戏的关系和联系不清楚。
② 各领域的教育目标定位不清,核心价值难以体现。
③ 对幼儿在各领域发展的年龄特征、学习特点与实际发展水平把握不准,教学目标或高或低,比较空泛,而且重知识技能类目标,轻情感态度类目标。
④ 教学内容的"含金量"不大,难易程度不易准确把握;"含金量"较大的内容的教育价值也往往得不到充分的发掘。
⑤ 教学过程缺乏有效的师生互动,"启发引导"不足,"灌输控制"有余,幼儿多处于被动学习状态。
⑥ 教学方法单一,与幼儿的学习特点不符,或者虽花样翻新,但华而不实,不能有效地促进学习等。

12.
幼儿园传染病的预防措施主要包括:
(1)控制传染源。
(2)切断传播途径。
(3)提高幼儿抵抗力。

三、论述题(本大题 1 小题,20 分)

13.
(1)营造民主化学习环境,为幼儿搭建主动学习的平台。
如教师在课堂上提出一些探究性的问题,要留给幼儿自己思考的空间,不要以诱导或者暗示的方式,把幼儿的思路限制在自己为他们设计好的模式中,要给他们自主学习的机会。在操作活动中要多提供让幼儿自主探究、自主体验的机会,要学会"等待",不要急于把现成答案抛给幼儿,要让幼儿尽情地探索、体验,在自主状态下主动建构知识与经验。

(2)创造性地运用教材,为幼儿提供主动学习的材料。

如科学活动"它能穿越管子吗",为幼儿提供操作材料:不同形状的白色弯管、直管、带螺帽的线、铅笔、打气筒、手电筒。先请幼儿猜测:带螺帽的线、铅笔、打气筒里打出来的气、手电筒里照出来的光,这四样东西能穿越管子吗?然后指导幼儿操作验证,引导发现:什么东西能穿越弯管?什么东西不能穿越弯管?最后,探讨问题:为什么线和空气能穿越弯管?为什么铅笔和光线不能穿越弯管?再次实验,得出结论。

(3)改变教学方法,为幼儿提高主动学习的能力,让幼儿主动提出问题和解决问题。

如科学活动"会滚的物体",教师让幼儿自由玩弄物品去发现"什么东西会滚?什么东西不会滚?为什么?"对于幼儿来说,自己主动发现问题,探求新知,印象和感受最深刻,理解也最深刻。

(4)教给学习的方法,为幼儿创造主动学习的条件。

如大班科学课"昆虫",课前教师让幼儿准备一些关于"昆虫"的信息。在父母的协助下,他们大多从杂志、报纸、电脑等渠道获得各种各样关于昆虫的信息,有的还直接带来和父母一起捕捉到的昆虫及昆虫的标本等。这些准备过程,不仅丰富了幼儿的知识、扩大了感性认识、开阔了眼界,而且让幼儿学会了收集信息的方法,培养了幼儿积极、主动、独立学习的乐趣与能力。

(5)改进指导策略,有效地促进幼儿主动学习。

如科学教学中,营造幼儿主动探索氛围的策略:一是让幼儿带着疑问去探索;二是在操作过程中不限制幼儿的自由讨论、随机提问;三是允许幼儿走动探索,让幼儿不光观察探索自己的,还鼓励他们与同伴比较、分析、交流与合作;四是随时捕捉幼儿不同的表现和发现,让幼儿在宽松的环境中探索,自主地乐于探究。

(如不展开说明,每小点酌情扣1—2分)

四、材料分析题(本大题共2小题,每小题20分,共40分)

14.
(1)将教育与生活实际相联系。

幼儿教育不应是为了完成教学目标,而是要分析幼儿特点、结合幼儿实际再进行。本案例中的刘老师在发现"理发店"这一游戏不受大家喜欢之后,就带领幼儿去理发店参观。这样,不仅可以激发幼儿的兴趣,调动幼儿的积极性,而且可以积累他们的生活经验。

(2)指导幼儿进行观察,发现问题。

观察是一项重要的技能,幼儿的观察常常是零散、漫无目的的,然而刘老师却设置了几方面的观察目标,让幼儿对此一一进行观察。这样可以训练幼儿观察的系统性和细致性,从而发现他们感兴趣的问题。

(3)展开讨论,共同解决问题。

讨论能够充分发挥幼儿的想象力,激发智慧的火花。刘老师并没有停留在幼儿的观察层面,而是组织幼儿进行讨论,将他们的观察汇总起来,并通过引导和启发,让他们自己想出解决问题的方法,这比教师直接地"告诉"更能增强幼儿的主动性,提高幼儿的思维能力。

(4)动手操作,使知识转化为技能。

教师提议用身边的材料来搭建躺椅,自己画发型图等。这种操作过程,不仅使幼儿掌握必要的技能,而且能增加他们对知识的理解,以及提高对学习的兴趣。

15.
在幼儿艺术活动中,教师应注意以下几点:

(1) 引导幼儿接触周围环境和生活中美好的人、事、物,丰富他们的感性经验和审美情趣,激发他们表现美、创造美的情趣。

(2) 在艺术活动中面向全体幼儿,要针对他们的不同特点和需要,让每个幼儿都得到美的熏陶和培养。对有艺术天赋的幼儿要注意发展他们的艺术潜能。

(3) 提供自由表现的机会,鼓励幼儿用不同艺术形式大胆地表达自己的情感、理解和想象,尊重每个幼儿的想法和创造,肯定和接纳他们独特的审美感受和表现方式,分享他们创造的快乐。

(4) 在支持、鼓励幼儿积极参加各种艺术活动并大胆表现的同时,帮助他们提高表现的技能和能力。

(5) 指导幼儿利用身边的物品或废旧材料制作玩具、手工作品等来美化自己的生活或开展其他活动。

(6) 为幼儿创设展示自己作品的条件,引导幼儿相互交流、相互欣赏、共同提高。

总之,幼儿艺术活动的能力是在大胆表现的过程中逐渐发展起来的,教师应激发幼儿感受美、表现美的情趣,丰富他们的审美经验,使其体验自由表达和创造的快乐。在此基础上,教师要根据幼儿的发展状况和需要,对表现方式和技能技巧给予适时、适当的指导。

五、活动设计题(本大题1小题,30分)

16.

大自然的礼物(中班)

(一) 活动目标

(1) 利用幼儿收集的自然物,发展幼儿点数及分类的能力;
(2) 让幼儿用收集的自然物拼摆图画,培养幼儿的想象力和动手操作能力;
(3) 培养幼儿热爱大自然的情感。

(二) 活动准备

(1) 幼儿收集好的自然物(松叶、梧桐叶、银杏叶、柳叶)、大白纸;
(2) 分类板;
(3) 自然物拼图范例。

(三) 活动过程

(1) 说一说——你收集了哪些大自然的礼物?

师:小朋友们,请你们说一说你捡到了哪些大自然的礼物? 在哪儿捡到的?

(2) 分一分——你捡了几种大自然的礼物?

师:小朋友们,你们捡的东西太多了,老师给你们每人一张大白纸,把你捡到的礼物都倒在大白纸上,看看有没有长得一样的,把它们放在一起。

(幼儿分类,教师指导)

师:数一数,你捡了几种大自然的礼物?

(3) 认一认——你能帮叶宝宝找到妈妈吗?

师:小朋友们捡了好多不同的树叶,你们知道它们的树妈妈分别是谁吗?

(出示分类卡,请幼儿仔细观察树的形态特征)

师:树妈妈们来了,看看都有谁?

师:这是松树妈妈,它的叶宝宝是什么形状?像什么?你那儿有吗?把松叶宝宝放到松树妈妈下面的小筐里。

(引导幼儿逐一认识松叶、梧桐叶、银杏叶、柳叶)

(4)拼一拼——你会用自然物作画吗?

出示拼图范例,激发幼儿创作兴趣。

幼儿自由创作。

(5)比一比——谁的画最好看?

将幼儿作品进行展示、并做出评价。

(四)活动延伸

鼓励幼儿在家长配合下开动脑筋,想出以自然物为材料的其他玩法。

保教知识与能力（幼儿园）全真模拟与预测试题 5 参考答案

一、单项选择题（本大题共 10 小题，每小题 3 分，共 30 分）

1—5 DACBC   6—10 BAABA

二、简答题（本大题共 2 小题，每小题 15 分，共 30 分）

11.
（1）家庭与社会因素。具体包括家长的教养方式、家庭居住环境以及电视媒体等。
（2）幼儿园因素。具体包括教师的影响、课程与环境的影响等。

12.
幼儿户外运动的价值包括：
（1）发展身体。
增强幼儿体质，促进幼儿生长；丰富幼儿的运动经验；促进幼儿动作与运动能力（平衡、灵敏、力量、耐力等）发展。
（2）提升意志品质。
培养幼儿勇敢、顽强、克服困难等方面的品质。
（3）其他方面。
促进幼儿的人际交往、科学探究、感受自然、解决问题等能力的发展。

三、论述题（本大题 1 小题，20 分）

13.
（1）教师尊重幼儿个体差异的意义：
① 有利于每一个幼儿获得全面、健康的发展，发挥每个幼儿的特长，弥补其不足，使教育获得事半功倍的效果；
② 有利于教师个人的成长。
③ 有利于形成和谐的师生关系。
（2）教师尊重幼儿个体差异的举措：
① 全方位了解幼儿，观察幼儿日常表现，总结每个幼儿在能力、性格、发展水平等方面的差异。
② 以幼儿为主，因材施教。尊重幼儿在发展水平、能力、经验、学习方式上的个体差异。对于发展水平不同的幼儿做不同的要求；对于能力结构不同的幼儿，发展其不同的优势；对于不同认知风格的幼儿采取不同的教育方法；针对幼儿在性格、气质上的差异，做相应的调整。
③ 利用幼儿自身的特点进行教学。从每个幼儿最擅长、最喜欢的学习方式中找到切入点，设计与幼儿个体相适应的教学模式，使每个幼儿获得最优化的发展。依靠幼儿自身的优点，发展幼儿的强项，弥补幼儿的不足。

④ 切忌用一把"尺子"衡量所有幼儿。对不同的幼儿不能用相同的标准衡量,要因人而异,全方位评价。

⑤ 为每个幼儿提供最适宜的环境,以满足集体中所有幼儿的需要。营造尊重每个幼儿文化和语言的环境,创设发展每个幼儿兴趣和能力的环境,构建促进每个幼儿获得进步和成功的环境。

四、材料分析题(本大题共 2 小题,每小题 20 分,共 40 分)

14.
(1) 从幼儿情绪情感的发展过程看,幼儿情绪情感的发展具有三个主要特点:
① 情境性;
② 外显性;
③ 不稳定性。
(2) 奶奶没有必要担心阳阳的情绪,这是这一阶段幼儿情绪情感的特点的体现。
教师应当:
① 向奶奶解释初入园的阳阳出现分离焦虑是正常的;
② 告知奶奶离园后阳阳在园中的愉快表现;
③ 让奶奶知道频繁返园的弊端,提出请奶奶配合幼儿园教育的建议;
④ 提示奶奶成人情绪自控的示范性作用。

15.
(1) 角色游戏的概念与功能:
角色游戏是幼儿通过扮演角色,运用想象,创造性地反映个人生活印象的一种游戏,通常都有一定的主题。
角色游戏一般具有创造性、过程性、变化性等特点。角色游戏的价值在于通过角色游戏让幼儿明白人与人之间的交往关系和生活的基本规则,学习劳动者的品质和得到相应的情感体验。
(2) 分析与评价:
① 上述大二班的主题设计是比较好的,但是指定价目表不是太合理。
② 幼儿园角色游戏具有创作性、过程性和变化性。大班的角色游戏的特点是游戏主题新颖,内容丰富,能主动反映多种生活经验和较为复杂的人际关系;处于合作游戏阶段,幼儿喜欢与同伴一起游戏,能按自己的愿望主动选择并有计划地游戏,在游戏中幼儿自己解决问题的能力会逐渐增强。理发主题的设计符合上述特点,能让幼儿得到相应的体验。
③ 但活动设计中的有些内容与幼儿的年龄特点不相符合,如美容区部分都不太适合;设计价格表本意是让幼儿有一定的生活认知,使幼儿明白不同的服务有不同的价值,所以有不同的价格。但该主题的目的不是价格,而是幼儿人际关系的处理及相应的情感体验,如对劳动、服务的态度等。老师事先设计好价目表有些本末倒置,而且也忽视了幼儿的主动性。
(3) 建议:
① 坚持以幼儿为本。
让幼儿自主参与活动。教师可以根据幼儿游戏的特点,引导幼儿一起结合自己的经验商定在理发店内的不同服务内容及其价目,培养幼儿自己解决问题的能力。
② 注意内容的选择。
一些不适合幼儿的内容可以删除,如美容区的内容。
③ 注意活动目标。
追求角色游戏本身的价值,而不能过多地追求利益,所以价目表不一定列出。如果一定要有,那么由幼儿们自己协调决定更好。

五、活动设计题(本大题1小题,30分)

16.

吹泡泡(大班科学活动)

(一)活动目标

(1)了解吹出的泡泡的形状与工具之间的逻辑关系,知道有洞、有缝隙的工具都能吹出圆圆的泡泡;

(2)能用不同的材料制作吹泡泡工具,学会用语言表达操作结果;

(3)萌发积极探索科学活动的兴趣,体验成功的乐趣。

(答题说明:① 基本符合大班幼儿活动特点,具体可行。② 目标中提到发展幼儿的语言、动手能力、想象力、逻辑思维能力等。③ 目标中包含体验、激发兴趣、寻索意识等。)

(二)活动准备

(1)物质准备:各类带孔的塑料玩具、吸管、漏勺、梳子、牙刷、硬卡纸、树叶、苍蝇拍;

(2)经验准备:幼儿玩过吹泡泡的游戏。

(答题说明:考虑到制作泡泡的材料充足性;事先分析幼儿对泡泡游戏的经验。)

(三)活动过程

1. 活动导入

听《吹泡泡》音乐进入活动室,激发幼儿的学习兴趣。

教师组织谈话,引出吹泡泡工具,调动幼儿已有经验。

2. 活动展开

(1)教师展示各种吹泡泡工具,鼓励幼儿大胆猜测。

(2)幼儿集体动手操作,教师及时给予支持与帮助。

(教师说明操作要求,4人一组选择吹泡泡工具尝试吹泡泡。分组展示记录结果,并进行验证记录。幼儿讲述操作结果,教师与幼儿共同总结。)

(3)创设自由探索的空间,掌握吹泡泡的基本技能。

(4)幼儿动手自己制作吹泡泡工具。

① 教师出示苍蝇拍、漏勺、梳子、牙刷、树叶等材料,幼儿根据自己的需要来选择制作的材料,通过自己的实验了解制作吹泡泡工具的方法。

② 教师引导幼儿将学会的经验加以运用,把这些不能吹出泡泡的东西变成能吹出泡泡的吹泡工具。

③ 教师最后出示细铁丝,让幼儿用扭、绕、团、折等多种方法来操作,感知材料形状不同与泡泡的变化关系。

④ 教师引导幼儿在借鉴别人经验的基础上,选择一种自己最喜欢的方法来改变铁丝的形状。

3. 活动结束

(1)教师和幼儿玩"吹泡泡"游戏。

教师与幼儿手拉手围成一个圆圈,随《吹泡泡》音乐转圈,使"大泡泡"变成若干"小泡泡","小泡泡"又合成"大泡泡",在游戏中感受科学活动的乐趣。

(2)总结,自然结束活动。

师:今天我们尝试用各种工具吹泡泡,吹出了好多的泡泡。老师决定给每一个小朋友颁发"小小科学家"的奖章,请你们用聪明的小脑袋继续在生活中探索那些神奇的科学现象!

(答题说明:① 能根据幼儿兴趣点和已有经验的分析,有针对性地开展教育活动,注意保持幼儿的兴趣与活动的主动性。② 能体现活动目标,根据幼儿的特点安排活动;幼儿制作工具的过程要体现个别差异;根据需要灵活地指导幼儿利用各种材料制作吹泡泡工具;注意活动的安全性。)

（四）活动延伸

将幼儿带到科学角,尝试制作泡泡水。通过操作获得相关的科学知识经验,培养幼儿良好的操作习惯和科学探索能力。

（答题说明：能体现将学到的知识与技能运用到现实问题中,培养幼儿对科学探索的兴趣。）

保教知识与能力（幼儿园）全真模拟与预测试题6 参考答案

一、单项选择题（本大题共10小题，每小题3分，共30分）

1—5　BADDC　　6—10　DDCAB

二、简答题（本大题共2小题，每小题15分，共30分）

11.
幼儿心理发展的一般特点包括：
（1）认识活动的具体形象性；
（2）心理活动及行为的无意性；
（3）个性初具雏形。

12.
陈鹤琴的学前教育课程的理念主要是"活教育"理论。
（1）"活教育"的目的论。
"活教育"的目的是做人、做中国人、做现代中国人。陈鹤琴认为，学校教育的根本任务不仅仅是传授知识于儿童，更重要的是培养儿童如何"做人"。他强调从小塑造儿童良好品德、健全人格的重要性。
（2）"活教育"的课程论。
陈鹤琴反对传统教育中的"书本中心"的思想，倡导一种大自然、大社会都是活教材的课程论。陈鹤琴倡导的儿童教育是要贴近儿童的实际生活，促进儿童生动、活泼地发展。"活教育"的课程打破以学科组织的传统模式，而改成活动中心和活动单元的形式，具体包括五个方面的活动，即健康活动、社会活动、艺术活动、科学活动和语文活动，称为"五指活动课程"。
（3）"活教育"的方法论。
"活教育"的方法就是"做中教，做中学，做中求进步"。在陈鹤琴看来，"做"是幼儿学习的基础。

三、论述题（本大题1小题，20分）

13.
（1）依恋是婴儿与其照顾者（一般是母亲）之间存在的一种特殊的情感关系，是婴儿与父母在感情上的联结和纽带，一般在5—6个月以后随着"认生"的产生而产生。良好依恋的基础是培养婴儿的安全感。
（2）良好依恋的培养需注意婴儿与父母间的情感和身体上的经常接触。注意"母性敏感期"期间的母子接触。有研究认为，最佳依恋的发展需要在"母性敏感期"增加孩子与母亲的接触。父母与孩子之间要保持经常的身体接触，如抱孩子，还要适当和孩子一块玩耍。同时，父母在和孩子接触时,要保持愉快的情绪,高高兴兴地和孩子玩。父母对孩子所发出的信号要敏感地做出反应。要注意孩子的行为(如找人、哭闹等),并给予一定的关照。

(3)良好依恋的培养应尽量避免父母与孩子的长期分离。研究表明,孩子与父母的长期分离会造成孩子的"分离焦虑",从而影响孩子正常的心理发展。特别是6—8个月后的分离,会对孩子产生严重的影响。因为这个时期,正好是孩子与他人建立情感联系的关键时期。所以,不管存在什么样的困难,父母都要尽量自己负担起养育、教育孩子的责任。

四、材料分析题(本大题共 2 小题,每小题 20 分,共 40 分)

14.
(1)材料反映出幼儿自我控制行为的不同特点。自我控制是指一个人对自己行为的调节、控制能力,包括独立性、坚持性和自制力。幼儿自我控制能力随着年龄的增长,慢慢地从受他人控制发展到自我控制,从不会使用策略自我控制到使用策略进行自我控制。

(2)幼儿的自我控制水平很低,一般受成人控制,但成人离开,就很难自我控制。上述材料中的幼儿2就是这种情况,老师一离开就控制不住自己而偷偷地打开了盒子;幼儿1则表现出开始从受他人的控制发展到自我控制。

(3)从不会使用策略自我控制发展到使用策略自我控制。
幼儿随着年龄的增长,慢慢地学会使用简单的控制策略来进行自我控制。如材料中的幼儿1,当老师离开的时候,他一会儿看墙角,一会儿看地上,尽量不看面前的盒子,小手也一直放在自己的腿上,这就是幼儿用分心策略在控制自己,以达到老师的要求。

15.
(1)中班角色游戏的特点:① 幼儿认识范围不断扩大,游戏的内容与情节较小班不断丰富;② 处于联合游戏阶段,游戏主题丰富,但不稳定,幼儿会经常"换场";③ 幼儿希望与别人交往,但欠缺交往技能,常与伙伴发生冲突;④ 幼儿的角色意识较强,能够按照自己选定的角色开展游戏。

(2)原因:① 希望与别人交往,但欠缺交往技能,常与伙伴发生冲突;② 角色意识较强,能够按照自己选定的角色开展游戏。③ 豆豆想当服务员,因为来晚了,其他幼儿不让其参与。

(3)作为教师应该这样介入游戏:① 仔细观察并认真分析幼儿发生冲突的原因,以游戏者的身份介入游戏,指导游戏;② 指导幼儿在游戏中逐渐掌握社会规则和交往技能,逐渐学会独立解决问题。

五、活动设计题(本大题1小题,30分)

16.

画画我自己(中班)

(一)设计意图

自信是幼儿健康人格发展的要素之一,它对人的认知、动机、情感和社会行为均会产生重要的影响,这就要求我们充分考虑幼儿的发展需求,保护每一颗幼小的心灵。中班幼儿的自我概念已经开始萌生,他们已初步感受到自己的外貌、身体、喜好等与他人的不同,对于"我"和"他人"有着许多的疑问,因此根据幼儿实际情况开展了此次活动"画画我自己"。本活动旨在给幼儿提供一个表达、表现的机会,引导幼儿认识自己,了解每个人都有自己的特点。

(二)活动目标

(1) 让幼儿认识自己,知道自己和别人的不同之处;
(2) 幼儿能运用简单的线条和图形,画出自己的主要特征;
(3) 让幼儿体验绘画的乐趣,增强自信心。

(三) 活动准备

(1) 物质准备:幼儿自带的近期照片一张,图画纸、水彩笔、蜡笔。
(2) 经验准备:幼儿认识自己身体的一些部位。

(四) 活动过程

1. 谈话导入

师:我们每个小朋友都有一张可爱的脸蛋,脸蛋上都有什么呀?除了脸蛋还有什么呀?这是我们每个人都有的。每个人长得一样吗?请小朋友拿出自己的照片看看,自己长得什么样?你喜欢做什么?和旁边的小朋友说一说。

2. 活动展开

(1) 引导幼儿进行小组交流、讨论,介绍照片中的自己,说说自己的形象特征。

① 请小朋友介绍自己,说说自己的外形特征。
② 请小朋友介绍自己的好朋友,说说好朋友的外形特征。

(2) 幼儿自由绘画,教师巡回指导。

① 提醒幼儿先构思,再动笔作画,突出自己的主要外形特征和特长爱好。

师:老师给你们准备了不同的画画材料,请小朋友自己画,在画之前要先想好怎样画,画自己在做什么,然后再动笔。

② 幼儿分组作画,教师巡视指导。
③ 注意事项:提醒小朋友尽量避免将画笔画到自己和其他小朋友的身上,不能在纸上乱抹乱画。

(3) 展示作品,增强幼儿的自信心。

① 组织幼儿展示作品,相互欣赏与交流。
② 小结:每个小朋友都画得不错,都把自己最好的形象展现出来了,我们每个人都有自己最棒的一面,我们要对自己有信心。

保教知识与能力（幼儿园）全真模拟与预测试题 7 参考答案

一、单项选择题（本大题共 10 小题,每小题 3 分,共 30 分）

1—5　DDAAB　　6—10　AAACB

二、简答题（本大题共 2 小题,每小题 15 分,共 30 分）

11.
幼儿情绪情感发展的特点主要包括：
（1）情绪具有易冲动性；
（2）情绪具有不稳定性；
（3）情绪具有外露性。

12.
活动区材料投放应注意以下几个方面：
（1）应根据教育目的有计划、有选择地投放开放性材料。
（2）应投放与儿童的年龄特点相符的活动材料。
（3）应投放数量充足,形式、功能多样的材料。
（4）应投放能满足不同水平儿童发展需要的材料。
（5）应投放具有启发性、可操作性、探索性的材料。
（6）在投放材料时,可充分利用家庭、社区的资源。

三、论述题（本大题 1 小题,20 分）

13.
（1）为幼儿提供形象、鲜明、生动、富有浓厚情绪色彩的记忆材料。
幼儿的记忆以无意记忆为主。凡是直观形象又有趣味,能引起幼儿强烈情绪体验的事物一般都能使他们自然而然地记住。如某次过生日时妈妈送的布娃娃,某个节日为小朋友上台表演节目等,常使他们终生难忘。
（2）向幼儿提出具体、明确的记忆任务。
随着年龄增长,幼儿的有意记忆逐渐发展。为了培养幼儿的有意记忆的能力,在日常生活和各种有组织的活动中,成人要经常有意识地向幼儿提出具体、明确的记忆任务,促进幼儿有意记忆的发展。如在给幼儿讲故事的时候,可以提醒其注意什么,听完之后要回答哪些问题等。
（3）丰富幼儿的生活经验,帮助幼儿理解记忆的材料。
幼儿的机械记忆多于意义记忆,但意义记忆的效果却比机械记忆的效果好。因此,培养幼儿意义记忆的能力是非常重要的,为此就需要多带幼儿到外面去,让他们更广泛地接触自然与社会,开阔他们的眼界,丰富他们的生活经验。
（4）引导幼儿运用记忆策略。
记忆策略是指人们为了有效地记忆而采取的方法和手段。幼儿常用的记忆策略有：反复背诵或自我复述、使记忆材料系统化和间接地意义记忆等。在日常生活中,成人应该教给幼儿记忆策略,并有意识地引导幼儿使用记忆策略来完成任务。如在引导幼儿记忆时,一定的重复和复习是非常必要的,这是巩固幼儿记忆、提高幼儿记忆能力的最佳方法。

四、材料分析题（本大题共 2 小题，每小题 20 分，共 40 分）

14.
（1）兰兰的画画行为,说明了幼儿想象受直觉动作思维的影响（边想边做,动作快于大脑），因此幼儿的想象具有无意性的特点。
（2）培养幼儿的想象力应做到以下几点：① 丰富幼儿的表象,发展幼儿的语言表现力；② 在文学艺术等多种活动中,创造幼儿想象发展的条件；③ 在游戏中,鼓励和引导幼儿大胆想象；④ 在活动中进行适当的训练,提高幼儿的想象力；⑤ 抓住日常生活中的教育契机,引导幼儿进行想象；⑥ 引导幼儿的想象要符合客观规律。

15.
（1）
图 1 反映的是"夸张法"的表现手法；
图 2 反映的是"展开式"的表现手法；
图 3 反映的是"透明画"的表现手法。
（2）
① 幼儿的绘画发展,可以分为涂鸦期（1.5—3.5 岁）、象征期（3.5—5 岁）和图式期（5—7 岁）三个阶段；
② 幼儿的绘画是幼儿心理的一种表达；
③ 幼儿的绘画是幼儿认知社会的一种方式；
④ 幼儿的绘画往往蕴含着丰富的想象和情感；
⑤ 幼儿的绘画表达的是幼儿自己的世界,而不是成人的世界。
（3）
评价幼儿画作时主要应注意：
① 要以促进幼儿发展为目标；
② 要以欣赏、爱护幼儿的态度去评价；
③ 评价时注意考虑绘画本身是否反应幼儿的生活经验,是否表达了幼儿自己的情感；
④ 绘画作品是否有个性,是否有创造力和想象力；
⑤ 不能以"像不像""好不好"等成人的标准去评价。

五、活动设计题（本大题 1 小题，30 分）

16.

小蚱蜢吃粮（小班）

（一）活动目标
（1）在小蚱蜢"种粮"和"吃粮"的过程中,锻炼幼儿走、跑、跳的基本动作,使幼儿在游戏中进一步了解秋虫——蚱蜢；

(2) 在活动中使幼儿感受互相合作的快乐,体验模仿小蚱蜢做运动的乐趣。

(二) 活动准备

(1) 物质准备：垫子、轮胎、平衡木、圈、跨栏等体育器械,幼儿身上贴好黄色或绿色的记号。

(2) 经验准备：幼儿知道小蚱蜢的动作特点。

(三) 活动过程

1. 热身运动

(1) 教师扮演蚱蜢妈妈,幼儿扮演小蚱蜢,"小蚱蜢"跟着"蚱蜢妈妈"做运动。

师：秋天到啦,蚱蜢宝宝跟着蚱蜢妈妈一起出门做运动吧。

(2) 教师和幼儿随音乐做模仿操："小蚱蜢,学跳高,一跳跳上狗尾草,腿一伸,脚一翘,哪个有我跳得高。"

2. 小蚱蜢种粮

(1) 介绍游戏规则。

师：看,这就是我们的农田,有四条种粮路线,每条路线都由垫子、轮胎、平衡木、圈、跨栏组合而成。

幼儿分为四组,每组5人,每人手中有种粮所需要的不同工具。每组第一个幼儿出发,越过障碍物去取一颗粮食种子,返回将种子交给第二个幼儿,第二个幼儿再前往负责种下种子(放入筐内),种下后返回。以此类推,第三个幼儿负责浇水,第四个幼儿负责施肥,第五个幼儿负责收粮。在规定时间内,收获粮食最多的一队获胜。

(2) 游戏过程中教师注意幼儿出汗情况,并时刻提醒幼儿注意安全,鼓励幼儿不怕困难,勇往直前。

师：他们为什么收获的粮食最多呢？(引导幼儿发现互相合作的重要性)

(3) 再次比赛。

3. 小蚱蜢吃粮

师：粮食种好啦,跟着蚱蜢妈妈一起去农田里吃粮食吧。

(1) 介绍游戏规则。

师：这里就是农田啦,绿色两块、黄色两块,绿色的是菜地,黄色的是水稻,由三根不同高度的橡皮筋分割开来,要想吃到最美味的粮食,就要跳过最高的皮筋。在吃的过程中,如果听到"青蛙来了"的信号时,就要立即躲避到与自己颜色相同的农田中(幼儿身上已贴好黄色或绿色的记号),等"青蛙"走了再继续吃粮。被"青蛙"抓到的小蚱蜢要停止一轮比赛。

(2) 游戏2～3次。

4. 放松运动

引导幼儿坐在"草地上"一起随音乐做腿部放松动作。

师：蚱蜢宝宝们,吃饱了吗？跟蚱蜢妈妈一起到草丛里去休息一会儿吧。

师：其实秋天还有许多昆虫呢,下次我们一起邀请它们来开一个秋虫运动会吧。

保教知识与能力（幼儿园）全真模拟与预测试题 8
参考答案

一、单项选择题(本大题共 10 小题,每小题 3 分,共 30 分)

1—5　CDCDD　　6—10　CDDBB

二、简答题(本大题共 2 小题,每小题 15 分,共 30 分)

11.
幼儿社会学习的指导要点主要包括以下几个方面：
（1）社会领域的教育具有潜移默化的特点。幼儿社会态度和社会情感的培养尤应渗透在多种活动和一日生活的各个环节之中,要创设一个能使幼儿感受到接纳、关爱和支持的良好环境,避免单一、呆板的言语说教。
（2）幼儿与成人、同伴之间的共同生活、交往、探索、游戏等,是其社会学习的重要途径。应为幼儿提供人际相互交往和共同活动的机会和条件,并加以指导。
（3）社会学习是一个漫长的积累过程,需要幼儿园、家庭和社会密切合作,协调一致,共同促进幼儿良好社会性品质的形成。

12.
活动区的功能主要包括：
（1）活动区的创设,能适应幼儿个别差异的需要,扩充幼儿学习的领域；
（2）引发幼儿学习动机,培养幼儿独立探索的精神；
（3）为幼儿提供相互学习与观摩的机会,培养幼儿想象力、创造力、思考力以及观察力和动手操作能力；
（4）为幼儿创设互动的学习环境；
（5）为幼儿提供个别化的学习机会；
（6）为幼儿提供静态和动态相平衡的课程；
（7）为教师提供观察与评价幼儿的机会。

三、论述题(本大题 1 小题,20 分)

13.
我国幼儿园教育的目标是对幼儿实施德、智、体、美诸方面全面发展的教育,促进其身心和谐地发展。
加德纳的多元智能理论主要是：① 每个人至少有七种不同类型的智能,每一种智能都在大脑中有相应的位置；② 早期教育在这七种不同层面智能的发展过程中所起的作用是非常关键的,如果在关键期某一智力或能力没有受到相应的诱导,它们以后就很难再出现甚至永久丧失；
③ 提倡完整学习,即为幼儿提供完整的、丰富的学习环境,促进幼儿多方面智能的充分发展,达

到人类潜能的开发和健康身心培养的目的。

加德纳的多元智能理论与我国幼儿园教育的目标都强调幼儿的完整学习与全面发展,而"特色班""兴趣班"的做法常常只注重幼儿某一方面智能的发展,不利于幼儿的全面发展。这种无视幼儿身心发展特点的做法会阻碍幼儿思维、个性等方面的全面发展,最终只会与人们的愿望相违背。

四、材料分析题(本大题共2小题,每小题20分,共40分)

14.
近年来,由于电子产品的广泛普及,很多幼儿沉迷于电子游戏,导致视力下降,越来越多的家长和幼儿为此困扰。幼儿教师应帮助并教育幼儿注意用眼卫生。

(1)教育幼儿养成良好的用眼习惯。不在光线过强或过弱的地方看书、画画;看书、写字时眼睛和书本应保持一尺以上距离;不躺着看书,以免眼与书距离过近;不在走路或乘车时看书,因为身体活动可导致书与眼的距离经常变化,极易造成视觉疲劳;集中用眼一段时间后应望远或到户外活动,以消除眼部疲劳。

(2)为幼儿提供良好的采光条件、适宜的读物和教具。幼儿活动室窗户大小适中,使自然光充足;室内墙壁、桌椅家具等宜用浅色,反光较好;自然光不够充足时,宜用白炽灯照明;为幼儿提供的书籍,字体宜大,字迹、图案应清晰;教具要大小适中、颜色鲜艳、画面清楚。

(3)定期给幼儿测查视力。要定期为幼儿测查视力,以便及时发现异常,及时矫治。在日常生活中,教师要注意观察幼儿行为,及时发现幼儿视力异常表现。

(4)教育幼儿注意用眼安全和卫生。教育幼儿不要用手揉眼睛,毛巾、手帕要专用,用流动的水洗手、洗脸,以防沙眼、结膜炎等;教育幼儿不玩可能伤害眼睛的危险物品,预防眼外伤。

15.
(1)
① 幼儿教师对幼儿游戏的指导应以观察为依据,通过观察,教师能了解幼儿对当前活动的兴趣、已有的经验,从而准确地做出是否介入以及如何指导的判断。但材料中的郭老师在观察到"妮妮显得非常无聊,坐在椅子上发呆"之后,没有对其进行及时指导,而是一走了之,没有起到指导者的良好作用。

② 当幼儿发现缺少活动材料并告诉郭老师后,郭老师没有进行有针对性的材料补充和活动引导,直接导致活动无法开展。

(2)
① 做好场地、设备、玩具等的充分准备,提供丰富的、有层次的活动材料。
② 关注游戏的发展进程,能够在合适的时机介入幼儿游戏中,并在幼儿需要时提供帮助。

五、活动设计题(本大题1小题,30分)

16.

玩水游戏(大班)

(一)活动目标

(1)幼儿尝试用多种方法、多种材料将生活中不能盛水的物品变为可以运水的工具,并在运水的游戏中,体验成功的乐趣;

(2)发展幼儿的动手操作和合作能力,发展他们的创造性思维。

（二）活动准备

（1）四大箱水、四个大盆、幼儿每人一个箩筐。

（2）幼儿操作材料：盆、桶、瓶、针管、薄膜纸、塑料袋、盒、有洞的盆、瓶、桶、没盖没底的矿泉水瓶、白纸、塑料膜、有小洞的塑料袋、小箩筐、漏斗、漏网、橡皮泥。

（3）辅助材料：皮筋、各种大小的瓶盖、塑料纸、透明胶、剪刀、毛线、泡沫、布等。

（三）活动过程

1. 提出问题，幼儿第一次探索。

（1）导入活动，提出问题，引发幼儿思考。

师：这里有一些材料，请小朋友们玩一玩，试一试它们能不能装水不漏出来，把可以装水的放在这边，不能装水的放在那边，每一种材料都要去试一试。大家要注意些什么呀？

幼：不挤在一起、卷袖子、尽量不把水洒在外面……（幼儿分散尝试每一种材料是否能装水并分类。）

（2）集体验证，发现问题。

师：我们一起来看一下，哪些工具可以装水吧。

2. 提出要求，引导幼儿再次探索，教师指导。

（1）提出问题。

师：为什么这边的桶、盆不能装水呢？

幼：（你一言我一语）桶上有洞、会漏；塑料袋是破的，水都漏出来了……

师：能不能想想办法让它们可以装水而且不漏水呢？这里还给大家准备了一些材料，说不定它们可以帮咱们的忙呢！大家多试几种材料，多想几种办法，看看哪个办法行得通，把你改装成功的工具放在自己的箩筐里，一会儿介绍给其他的小朋友。

（2）幼儿操作，教师鼓励幼儿互相合作，必要时可给予指导或帮助。

A小朋友拿着小箩筐："这个洞太多了，怎么办呢？咦，我拿塑料纸垫在里面试试看吧！"B小朋友拿着没盖没底的塑料瓶到处找合适的盖子；C小朋友拿透明胶带补上了桶上的洞；D小朋友找E小朋友帮忙拿着塑料袋用皮筋扎上面的小洞……

（3）请幼儿展示改装成功的作品，并互相交流，介绍自己的好办法。

师：大家想了很多的办法让漏水的工具也可以装水了，那你愿意把你改装成功的工具介绍给大家吗？（由于幼儿有了亲身的体验，他们争先恐后地要介绍自己改装成功的工具。）

F小朋友说："漏斗下面漏水，我拿东西堵住不漏水了，还可以用胶带贴、用纸包……"G小朋友高高举起箩筐里的瓶子说："看！这个没有底没有盖的瓶子用塑料纸包底，再用皮筋绑住也不漏水了。"H小朋友说："有洞的盒子可以用泡沫贴住洞口……"他们想到了很多种方法，纷纷得意地展示着自己改装成功的工具。

3. 幼儿用自己改装的工具做运水游戏，体验成功的快乐

（1）提出要求，讨论要注意的事情。

师：刚才我们大家想了很多办法让这些漏水的工具也能装水了，那我们用这些自己改装成功的工具把水运到那边的盆里好吗？大家可以互相帮忙，并要注意尽量别把水漏在外面哦。

（2）幼儿自由结伴做运水游戏。

保教知识与能力（幼儿园）全真模拟与预测试题 9
参考答案

一、单项选择题（本大题共 10 小题，每小题 3 分，共 30 分）

1—5　DADCC　　6—10　BCCBD

二、简答题（本大题共 2 小题，每小题 15 分，共 30 分）

11.
幼儿注意分散的原因主要有以下几个方面：

（1）幼儿的注意以无意注意为主 $\begin{cases} 小班：3—5 分钟 \\ 中班：8—10 分钟 \\ 大班：10—15 分钟 \end{cases}$ ，容易受到无关刺激的干扰。

（2）幼儿的有意注意能力弱，注意的目的性和意志力不强，无法进行连续的单调活动。

（3）幼儿的注意力往往受到情绪、情境、身体状况等因素的影响，幼儿不能很好地进行两种注意的转换。

12.
幼儿园实施幼小衔接工作的指导思想主要包括：
（1）长期性而非突击性；
（2）整体性而非单项性；
（3）培养幼儿入学的适应性而非小学化；
（4）家、园、校的一致性而非孤立化。

三、论述题（本大题 1 小题，20 分）

13.
（1）认识和利用一日活动的教育价值。幼儿园一日活动是幼儿园每天进行的所有保育和教育活动。它包括由教师组织的活动（如幼儿的生活活动、劳动活动、教学活动等）和幼儿的自主自由活动（如自由游戏等）。幼儿园应充分认识和利用一日生活中各种活动的教育价值，通过合理组织、科学安排，让一日活动发挥一致、连贯、整体的教育功能，寓教育于一日活动之中。

（2）一日生活中的各种活动不可偏废。无论是幼儿吃喝拉撒睡一类的生活活动，还是作业课、参观访问等教学活动；无论是有组织的活动，还是幼儿自主自由的活动，都有重要的教育作用，对幼儿的发展都是不可缺少的。因此，不能顾此失彼，随意削弱或取消任何一种活动。

（3）各种活动必须有机地统一为一个整体。每种活动不是分别、孤立地对幼儿发挥影响的。一日活动必须统一在共同的教育目标下，形成教育合力，才能发挥整体教育功能。因此，如何把教育目标渗透到各种活动中,每个活动怎样围绕目标来展开,就成为实践中应当特别关注的问题。

四、材料分析题(本大题共 2 小题,每小题 20 分,共 40 分)

14.
该对话主要体现了幼儿自我意识的发展水平。

自我评价是自我意识的一种表现。案例中幼儿判断性别的标准是看是否梳着小辫子,确定好孩子的标准是会不会擦桌子、扫地,打针哭不哭,可见该幼儿的自我评价具有表面性和片面性。

自我意识的发展还体现在自我调节或监督上。案例中的幼儿喜欢芭比娃娃,不喜欢吃胡萝卜,但却能够根据成人的指示调节自己的行为,体现了该幼儿自我调节能力的发展。

15.
在幼儿游戏过程中,教师不仅是观察者、记录者,而且还应该是幼儿游戏的支持者、参与者、引导者和干预者。教师作为幼儿游戏的引导者,应注意以下几个方面:

(1)要引发幼儿游戏的兴趣。教师可以通过在游戏场地放置一些新材料、新设备等来引起幼儿开展某种游戏的兴趣。例如,材料中教师在"动动巧手"的活动里提供了许多大小、形状都不同的螺丝,孩子们爱不释手,兴趣很浓厚。

(2)要适时提出开放性问题。在幼儿游戏的过程中,教师要善于把握时机,提出启发性的问题,以促进幼儿游戏的发展。例如,材料中当吴艳楠向老师展示自己做的"蛋糕"时,老师表扬她并引导她再搭一个跟它不一样的东西。

(3)要及时提出合理化建议。当幼儿的游戏未能向前发展时,教师应给予提示、建议,以帮助幼儿更好地开展游戏。例如,材料中老师表扬顾洋螺丝拧得好,并让他表演给其他小朋友看,一些小朋友也跟着拧螺丝,间接地给小朋友提供了游戏的方式,引导了更多的小朋友参与到游戏中去。

(4)要巧妙地扮演游戏中的角色。教师通过扮演一定的角色,可以自然而然地加入幼儿的游戏中。例如,材料中的教师是一个鼓励者,巧妙地引导更多的小朋友自觉地进入游戏。

(5)要以间接方式为主指导幼儿的游戏。材料中,老师并没有直接教幼儿怎么玩螺丝,而是让幼儿自己发现螺丝游戏的乐趣。

五、活动设计题(本大题 1 小题,30 分)

16.

我的牙齿(大班)

主题活动总目标:
(1)教育并帮助幼儿养成良好的口腔卫生习惯。
(2)让幼儿知道牙齿的类型以及乳牙脱落、恒牙萌出的过程及原因。
(3)让幼儿知道换牙期的注意事项。
(4)学会正确的刷牙方式。

活动一:牙齿咔咔咔
一、活动目标

(1) 教育并帮助幼儿养成良好的用牙卫生习惯。
(2) 让幼儿知道牙齿的结构和类型。
(3) 让幼儿学会正确的刷牙方式。

二、活动准备

(1) 物质准备：牙齿结构图、用牙习惯图片、刷牙视频。
(2) 经验准备：刷牙的经验。

三、活动过程

1. 活动导入

谜语导入，教师出谜面："健康卫士穿白衣，上下两排真整齐，口中饭菜它磨碎，早晚用刷把澡洗"，幼儿猜谜底。

2. 活动发展

(1) 教师出示牙齿结构图，引导幼儿认识牙齿的结构、类型。

① 切牙、侧切牙：主要功能是切断食物，美观和辅助发音，共有8颗。
② 尖牙：俗称犬齿或虎牙，总共4颗，主要功能是穿透、撕裂食物。
③ 磨牙：总共8颗，磨牙的主要功能是磨碎食物。
④ 牙齿分为三个部分：牙冠、牙颈、牙根。牙冠为牙齿显露于口腔的部分；牙颈是牙冠与牙根的交界处，呈一条弧形曲线；牙根是牙颈以下，埋于牙槽骨内的部分。

(2) 幼儿讨论并讲述牙齿的功能、作用及保护牙齿的方法。
(3) 教师根据用牙习惯图片介绍保护牙齿的方法（早晚刷牙、饭后漱口、少吃甜食等）。
(4) 幼儿观看刷牙视频，教师带领幼儿学习正确的刷牙方式（上面的牙齿从上往下刷，下面的牙齿从下往上刷，刷刷小舌头）。

3. 活动总结

教师引导幼儿总结保护牙齿的方法以及正确的刷牙方式。

四、活动延伸

幼儿观察自己的牙齿，画一个自画像，教师将幼儿的作品张贴到作品展示区。

活动二：换牙知多少

一、活动目标

(1) 教育并帮助幼儿养成良好的换牙期的卫生习惯。
(2) 让幼儿知道人的一生有两副牙齿，了解乳牙脱落、恒牙萌出的过程。
(3) 让幼儿了解不同国家换牙的习俗，感受文化的多元性。

二、活动准备

(1) 物质准备：换牙习俗的图片。
(2) 经验准备：换牙期卫生习惯。

三、活动过程

1. 活动导入

教师请两个小朋友（一个已经换牙，一个没有换牙）面向大家微笑，请其他幼儿观察他们的牙齿有什么不一样。

2. 活动发展

(1) 教师引导幼儿认识人为什么要换牙。因为乳牙不够坚硬，磨损很快，要换一副更坚固的牙齿让我们长大以后吃东西用。

（2）教师根据换牙期的卫生习惯图片介绍换牙期的注意事项（不舔牙齿，少吃甜食，不吃过硬的东西，早晚刷牙，饭后漱口）。

（3）幼儿分享自己怎么处理掉下的牙齿。

（4）教师引导幼儿了解不同国家换牙的习俗（中国人把牙齿扔到屋顶或床底，美国人把牙齿放在枕头下或埋在树下等）。

3. 活动总结

教师引导幼儿总结换牙的原因及换牙期的卫生习惯。

四、活动延伸

教师制作"动物牙齿大比拼"调查单并发放给幼儿，幼儿独立或与父母一起收集资料，探索发现动物的牙齿特征，然后在班里分享。

保教知识与能力（幼儿园）全真模拟与预测试题 10 参考答案

一、单项选择题（本大题共 10 小题，每小题 3 分，共 30 分）

1—5 CBABD 6—10 AABCA

二、简答题（本大题共 2 小题，每小题 15 分，共 30 分）

11.
教师通常通过以下几种方式介入游戏：
（1）平行介入：教师和幼儿玩相同或不同材料的游戏，目的是引导幼儿的模仿。教师起暗示的指导作用，这种指导是隐性的，不直接与幼儿进行言行交往，不直接介入幼儿的活动过程。
（2）交叉介入：幼儿需要或教师认为有指导必要时，由幼儿邀请教师作为游戏中的一个角色进行互动。教师在活动中指导幼儿进行游戏，可扮演配角，教师的指导是隐性间接的。
（3）垂直介入：幼儿游戏出现严重违反规则或攻击性的危险行为时，教师直接介入游戏，对幼儿的行为进行直接的干预，这时教师的指导是显性的。

12.
幼儿园环境创设的原则主要包括：
（1）安全性原则；
（2）目标导向性原则；
（3）发展适宜性原则；
（4）幼儿参与性原则；
（5）开放性原则（大环境与小环境相结合的原则）；
（6）经济性原则。

三、论述题（本大题 1 小题，20 分）

13.
（1）幼小衔接是指幼儿园和小学根据儿童身心发展的阶段性和连续性规律及儿童可持续发展的需要，做好两个教育阶段的衔接工作，使儿童顺利适应小学的学习生活，并为其今后的发展打好基础。
（2）幼儿园开展的幼小衔接工作：① 依据幼儿园教育原则开展保教工作，做好持久的衔接工作；② 尤其要做好幼儿园大班后期的工作；③ 与家长和小学老师保持密切联系。
（3）小学主动开展的幼小衔接工作：① 合理安排低年级儿童的作息时间；② 适当注重教育教学活动的延续性。
（4）家长参与的幼小衔接工作：① 给儿童合理的期望，增强儿童的自信心和适应力；② 激发儿童上小学的兴趣；③ 调整好儿童的生活规律；④ 培养儿童的生活自理能力；⑤ 创造良好的家庭学习环境;⑥ 安全教育,增强儿童的自我保护能力。

四、材料分析题(本大题共 2 小题,每小题 20 分,共 40 分)

14.
(1)从材料中可以看出赵老师的教育行为是恰当的。材料中赵老师抱着小勇,耐心倾听小勇诉说自己的情绪,直到情绪逐渐平稳,体现了赵老师控制幼儿情绪的方法。
(2)帮助幼儿建立良好同伴关系的策略包括:
① 教会幼儿合作,增强幼儿的自信心。材料中赵老师应教小勇和同伴交往,学会和同伴相处。
② 教会幼儿游戏,提高幼儿的参与度。材料中赵老师应该让小勇参与到阳阳的游戏中,学会处理同伴关系之间的问题。
③ 教会幼儿接纳,融洽幼儿的同伴关系。材料中赵老师应教阳阳接纳小勇,而不是把小勇排斥在外,影响了同伴关系的发展。
④ 教会幼儿表达,培养幼儿的积极情感。材料中赵老师应教会阳阳和小勇沟通交流,培养他们积极的情感。

15.
刘老师的做法不恰当。
第一种观点认为刘老师的干预会不利于幼儿想象力的发展,我认为是有道理的。涂鸦期的绘画没有明确的表现意图,不讲究造型、色彩和构图,也就是说,幼儿在涂画之前没有预想、没有构思,而是把涂鸦作为一种游戏活动,享受涂鸦动作带来的那种有节奏地、主动地"动"的运动快感。学前期幼儿的想象以无意想象为主,再造想象占主要地位,而且想象具有很大的夸张性。幼儿的认知发展水平和经验水平都有限,他们的想象天马行空,如果老师强加干预,会打击幼儿的自信心和想象的积极性。材料中幼儿的表现都是符合这个时期幼儿想象发展特点的,不需要特别担心。我们在幼儿成长过程中,要尊重幼儿的成长规律。
第二种观点认为这样下去会影响幼儿日后的发展,我认为是不对的。幼儿发展有自己的规律,我们应该遵循幼儿的发展规律。随着幼儿的认知不断发展,经验不断丰富,他们对世界的认知也会逐渐趋于客观。我们需要在尊重幼儿发展规律的基础上引导他们发展。

五、活动设计题(本大题 1 小题,30 分)

16.
美丽的花朵(大班主题活动)

(一)活动目标
(1)让幼儿认知常见花朵的名称、外形特征,了解不同种类花朵的生长特点。
(2)让幼儿通过观察、探索、动手操作等方式来探究花朵的秘密。
(3)让幼儿学习花朵的绘画方法,能够为自己喜欢的花朵进行涂色。
(4)让幼儿大胆表达对花儿的喜爱,抒发热爱大自然的情感。
(二)活动准备
(1)物质准备:牵牛花、桃花、迎春花、郁金香花及图片若干,要求有不同的颜色、形状、香味。
(2)经验准备:对常见花朵有简单的认识。
(三)活动过程
1. 活动导入
教师出示不同的花朵,让幼儿观察,引导幼儿从花的颜色、形状、花瓣、香味等角度进行观察。
2. 活动过程

(1)说一说:说出各种花的名字、颜色和特点等。

(如迎春花:黄色的,花朵像喇叭,是春天最早开放的花朵,它向人们报告春天的到来,所以叫它"迎春花"。)

(2)讨论与操作:请幼儿交流讨论、动手操作,探索花儿的秘密。

(3)分组探究:教师将幼儿每两人分为一组,给幼儿分发准备好的花朵和记录表格,向幼儿提出要求:观察每一朵花有几个花瓣,哪种花朵有香味,哪一种没有。

幼儿合作观察花朵,记录观察结果,教师巡回指导。幼儿分享观察结果,教师总结。

(4)游戏:教师和幼儿玩"花儿找家"游戏,请幼儿帮助每一种花儿找到自己的家。

(四)活动延伸

教师将幼儿带到美工区,尝试制作花朵的标本。